168 STORIES 个故事系列
智慧成长故事 完美生活系列

U0575744

培养中学生
生活情趣
的168个故事

冯英 周笑雅 编

北京出版集团公司
北京教育出版社

图书在版编目(CIP)数据

培养中学生生活情趣的 168 个故事/冯英,周笑雅编. –北京:北京教育出版社,2006
(智慧成长故事 完美生活系列)
ISBN 978 – 7 – 5303 – 5227 – 4

Ⅰ.①培… Ⅱ.①冯… ②周… Ⅲ.①生活 – 知识 – 青少年读物 Ⅳ.①TS976.3 – 49

中国版本图书馆 CIP 数据核字(2006)第 055603 号

智慧成长故事 完美生活系列
培养中学生生活情趣的 168 个故事
PEIYANG ZHONGXUESHENG SHENGHUO QINGQU DE 168 GE GUSHI
冯 英 周笑雅 编
*
北京出版集团公司
北京教育出版社 出版
(北京北三环中路6号)
邮政编码:100120
网址:www.bph.com.cn
北京出版集团公司总发行
全 国 各 地 书 店 经 销
三河市嘉科万达彩色印刷有限公司印刷
*
787mm×1092mm 16 开本 印张14 280000 字
2006 年 9 月第 1 版 2016 年 4 月修订 第 10 次印刷
ISBN 978 – 7 – 5303 – 5227 –4/G · 5146
定价:29.80 元

第 **1** 章

艺术点缀美丽人生

第2章

亲近文学，感悟生活

目 CONTENTS 录

第 **3** 章

打开科学的大门

第4章

生 命 在 于 运 动

第 **5** 章

放飞心灵，体味休闲人生

第**6**章

走进生活的课堂

第7章

以史为鉴，可以知古今

第1章
艺术点缀美丽人生

艺术好像一株奇丽的仙葩，令人流连忘返；
艺术好像一杯醇香的美酒，让人为之沉醉；
艺术的魅力就是如此，
任何事物都无法抗拒。
只有真诚地追求，
才能得到永恒的美丽。

宁　静

感悟 ganwu

绘画讲究静中有动，动中有静，动静相结合，这样的作品才是有生命力的作品。单纯地追求某种效果，往往只能创造出呆板生硬的作品，不会给人以美的享受。

兄弟两个人都是画家，从小他们就跟同一个老师学画，两个人的风格却迥然不同。兄弟俩也暗中较劲，互不服输。这天，他们又要比一比了，哥哥出题说："我们就画风雨中的宁静，看谁表现得最好。"弟弟同意了。

哥哥选择了远山之间的一个湖泊做背景，风平浪静，湖面无波，清澈的水底连水草都是静止的。他很得意地介绍其中的意境，对弟弟说："你看，这个湖面平整如镜，习舞的蝴蝶也栖息在树枝上停止飞舞，没有风没有雨，又远离尘世喧嚣，完全呈现出平静来。"弟弟画的是一条奔腾的瀑布，可以看得出朵朵水花飞溅，连崖边的小草都格外青翠。旁边有一小片灌木林，树枝弯到水面，在这树枝顶端的分权处筑着一个鸟巢，几乎快要被浪花浸湿，岌岌可危，鸟巢内还有两只出生不久的小鸟。

哥哥嘲笑弟弟的画说："这画表现的是十足的动态，简直可以听到瀑布的轰鸣声了。"弟弟不紧不慢地回答："你有没有看到巢中的小鸟，它们正在安静地睡觉，一点也没有受到外界的干扰呢。"

人们对此的评价是一致的：哥哥的画只不过是停滞，弟弟的画才叫做宁静。

雕　凤　凰

古时候，一个有名的木匠要在木头上雕刻一只凤凰。木匠一生做了很多精美的活计，想从此以后安享晚年了，这是他的收山之作。人们听说了，一窝蜂地跑来看。木匠在木头上勾了个大体轮廓，就不慌不忙地雕刻起来。

好几天过去了，可是凤头、凤尾还没雕完，羽毛也没刻完，围观的人就七嘴八舌地议论开了。

看见凤凰头的人，撇撇嘴说："那是什么凤凰呀，简直像公鸡！"

看见凤凰身子的人，斜斜眼说："雕的一点也不像只凤凰，倒像只又丑又笨的鸭子。"

其余的人也指指点点附和着说："还是有名的木匠呢，真丢人！瞧那笨手笨脚的样子，还想雕刻凤凰呢！"

听了这些讥笑，木匠并不理会，仍然专心致志地雕刻着。

围观的人觉得没多大的意思，便三三两两地散开了。只有一位白胡子老头仍在津津有味地欣赏着。

没过几天，凤凰雕成了，还涂上鲜艳的色彩。人们又从四面八方赶来观看。

只见凤凰翠绿的冠子高高耸立，鲜红的爪子闪闪发光，色彩缤纷的身子格外耀眼，翅膀鲜艳美丽，仿佛展翅欲飞。嘿，可真是一只美丽的凤凰！

木匠依然没有理会那些围观的人，他全身心地投入到雕刻中去。最后，他用刻刀轻轻一点，给凤凰刻上一双明亮的眼睛，霎时，奇迹发生了，凤凰立刻扑棱棱地拍打着翅膀，腾空飞起，在屋梁上回旋飞翔，三天三夜没有降落。

这时，那些观看的人齐声称赞："哇，这真是一只美丽的凤凰啊！""是啊，这也只有他才能雕刻得出来呀！""他真是我们的光荣，没有他，我们怎么能看到木头雕刻的凤凰也会飞翔呢？"……人们纷纷议论着，一致惊叹凤凰的精美，夸奖木匠技艺非凡。

那位白胡子老头听了，扭过头来说："别忘了，开始的时候你们是怎么议论的啊。"

一句话说得人们都羞愧地低下了头。

感 悟
ganwu

在鉴赏一件艺术品时，我们重视的常常是结果，而忽略了其产生的过程，有时，过程比结果更重要。如果了解了一件艺术品产生的过程，我们对它将有更深刻的理解。

知音断琴

春秋战国时期，楚国人俞伯牙在晋国为官，官居上大夫之位。

一天，俞伯牙因国事回楚国，事务处理完毕后坐船回晋国。此时正是中秋之夜，突然江面风狂浪涌，接着大雨瓢泼而来，幸好船体很坚固能经得住这风浪，否则就要葬身在这江中了。雨越下越大，船已不能前行，于是伯牙吩咐将船泊到对岸的一处山崖下以避风雨。大约个把时辰，雨停了，一轮明月遥挂当空。雨后的月亮，更显明亮，如此美景，引得伯牙诗兴大发，于是便对月吟诗。吟到快活处，身边跟随自己多年的一个老仆对伯牙道："先生好雅兴，何不抚琴一曲以来助兴？"伯牙哈哈大笑道："真是好提议，拿我的琴来。"老仆于是取来古琴安置妥当，伯牙屈身而坐，铮铮地弹奏起来。谁知一支曲子还未弹完，琴弦却断了一根。俞伯牙大吃一惊："山脚之下，虽然有些草树，可并无人家呀，琴声忽变，弦断必有怪异之事。难道这荒山之下，还会有听琴之人吗？"

忽然，岸上有人应答道："舟中大人，我只是一个樵夫，因打柴晚了，为避山雨躲到这崖下，没想到在此听到官家抚琴，并无恶意。"

俞伯牙大笑："山中打柴之人，也敢称'听琴'二字！"只听那人高声说道："大人此话没有道理，难道您没有听说过'十步之内，必有能人'吗？"

俞伯牙一听，知道此人非同一般，便邀他上船。只见那青年仪表堂堂，脸阔眼大，眼中透着神采，从外表看，确实不是一般的乡野樵夫，他自我介绍说叫钟子期，经过一夜的交谈，二人都觉得很知心，大有相见恨晚之意，当即结为兄弟，并约来年再于此地交流音律。

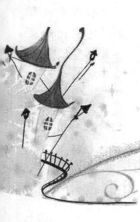

光阴似箭，春去秋来。第二年的这天，俞伯牙在他们约定的江边守候，却不见钟子期的身影。他决定带着琴到钟子期的住处寻找，走到一岔路口，碰见一个老人，俞伯牙忙施礼问道："学生要往钟家庄去访钟子期。"老者闻言，放声大哭道："子期是我的儿子，因为白天要砍柴，晚上又要读书，太过辛劳，心力耗费，数月之前，已经死了。"伯牙听后，如五雷轰顶，悲痛万分，大哭不已。俞伯牙身边的小童对老人道："这就是俞伯牙老爷。"老人拭泪相劝道："子期临死的时候说，死后要将他葬于江边，以便能够履行与先生的约定。"

　　万分感伤的俞伯牙来到钟子期的坟前，边弹边说："真正能懂得我琴音的人，只有子期你一个。你走了，我弹琴还有什么意义呢？"说完，俞伯牙取刀割断琴弦，双手举琴，向祭石台上用力一摔，将木琴摔得粉碎。老人大惊，问道："此琴无比名贵，先生为何摔碎此琴？"俞伯牙伤痛地说：

　　　　摔碎瑶琴凤尾寒，

　　　　子期不在对谁弹！

　　　　春风满面皆朋友，

　　　　欲觅知音难上难！

绝妙的"一"

　　明朝万历年间，北方有女真为患。皇帝为了抵御强敌，决心整修万里长城。当时号称"天下第一关"的山海关，早已年久失修，其中"天下第一关"的题字中的"一"字，已经脱落多时。这"天下第一关"五个字，笔画刚健厚重，具有较强立体感，传说是明代成化年间进士萧显所写。现在萧显已经不在人世，万历皇帝只好募集各地书法名家，希望恢复山海关的本来面貌。各地名士闻讯，纷纷前来挥毫，但是没有一人的字能够表现出天下第一关的气势。

感悟
ganwu

这个有趣的故事，说明了什么？练习造就完美，熟练才能精通。书法亦是如此，只有熟练才能达到专业与精通的程度。

皇帝于是再下诏书，只要中选就能够获得重赏。经过严格的筛选，最后中选的竟然是山海关旁一家客栈的店小二，令人大吃一惊。

题字当天，会场被挤得水泄不通，官家也早就备妥了笔墨纸砚，等候店小二前来挥毫。只见主角抬头看着山海关的牌楼，舍弃了狼毫大笔不用，拿起一块抹布往砚台里一蘸，大喝一声"一"，十分干净利落。话音刚落，纸上立刻出现绝妙的"一"字，其恢弘大气，俨然是萧显再世。旁观者莫不给予惊叹的掌声。有人好奇地问他，写得如此成功的秘诀是什么？只见店小二笑着答道："我在这里当了三十多年的店小二，每当我在擦桌子时，我就望着牌楼上的'一'字，一挥一擦就这样而已。"

原来这位店小二的工作地点，正好面对山海关的城门，每当他弯下腰拿起抹布清理桌上的油污之时，刚好视线对着"天下第一关"的"一"字。因此，他天天看、天天擦，数十年如一日，久而久之，就熟能生巧、巧而精通，这就是他能够把这个"一"字临摹到炉火纯青的原因。

如果你拍出的照片还不够好

罗伯特·卡帕，匈牙利人。他17岁时就立志要当摄影家。在柏林大学求学后，先在柏林一家通讯社做暗房工作，后到巴黎当记者，由于他的摄影作品受到一家摄影杂志社的重视，他便被委派到战地进行采访。他是有史以来最有名的战地记者，他的摄影生涯就如同赌命一样，活跃在第二次世界大战期间的各个战区。他以英勇无畏的敬业精神而著称于世，被世界各国的新闻界誉为"20世纪最伟大的战地摄影记者"。

罗伯特·卡帕18岁考入柏林大学政治系，一毕业就赶上纳粹上台。他背着相机只身逃往西欧，与海明威一起参加了西

班牙内战。他为世人留下了许多既珍贵无比、又触目惊心的照片。人们看到他拍的照片画面，仿佛可以听到子弹在呼啸，炮火在轰鸣，生死在搏斗，可以感受到一种震撼人心的力量。

罗伯特·卡帕的亲朋好友曾多次劝他，要他早日远离战地记者这种危险的职业，他却婉言谢绝，并多次说过："为自己所酷爱的事业而献身是值得的。即使牺牲了，也是死得其所。"

最令人敬佩的是罗伯特·卡帕在以身殉职的时候所表现的视死如归的精神。那是1954年的5月25日，在他踩上地雷的那一瞬间，还不忘摁下快门，然后从容地含笑离去。生命结束之际，钟爱的相机还紧紧地抓在他的手里。

这位出生入死的影像士兵，永远烙在人们的心灵上，他的照片已成为人类战争的象征，他痛恨战争，想用影像来唤醒人们的良知。

美国《时代》杂志记者在"二战"前线对罗伯特·卡帕进行过采访，当时他说了这样一句后来广为流传的话："如果你拍出的照片不够好，那是因为你离战火还不够近。"

各行各业的许多兢兢业业、前赴后继者，都把他的这句话作为激励自己奋发向上、勇往直前的座右铭。

一幅画的价值

一天，穷画家在餐厅吃饭，突然间灵感泉涌，不顾三七二十一，拿起桌上洁白的餐巾，用随身携带的画笔，蘸着餐桌上的酱油、番茄酱等各式调味料，当场作起画来。

原来这是一个落魄潦倒的穷画家，一直坚持着自己的理想，除了画画之外，不愿从事其他的工作。

而他所画出来的作品，虽然自我感觉良好，却一张也卖不出去，搞得三餐老是没有着落。幸好街角餐厅的老板心地很好，总是让他赊欠每天吃饭的餐费，穷画家也就天天到这家餐

摄影作为艺术的一种，也能深入人们的心灵。故事中的罗伯特就是用他那富有震慑力的照片告诉人们战争的残酷，呼吁人们热爱和平。

画画不仅需要兴趣，还需要潜质。天生我材必有用，说不定哪个领域就是我们施展抱负的舞台。用心去发现，就会找准自己的方向。

厅来用餐。

刚好这天他在吃饭，灵感就来了，于是就出现了本文开头的一幕。这时餐厅的老板也不制止他，反倒趁着店内客人不多的时候，站在画家身后，专心地看着他画画。

过了好一会儿，画家终于完成他的作品。他拿着餐巾左盼右顾，摇头晃脑地欣赏着自己的杰作，深觉这是有生以来画得最好的一幅作品。

餐厅老板这时开口道："嗨！你可不可以把这幅作品卖给我？我打算把你所欠的饭钱一笔勾销，就当做是买你这幅画的费用，你看这样好不好啊？"

穷画家感到莫名的惊异："什么？连你也看得出来我这幅画的价值？看来，我真的是离成功不远了。"

餐厅老板连忙说道："不！请你不要误会，事情是这样的。我有一个儿子，他也像你一样，成天只想当一个画家。我之所以要买这幅画，是想把它挂起来，好时时刻刻提醒我的孩子，千万不要落到像你这样的下场。"

钢琴天才郎朗

2012年6月5日，他在英国女王钻禧庆典音乐会上献艺。

2013年1月28日，他在法国戛纳电影宫获法兰西艺术与文学骑士勋章。

2013年2月9日，他在2013年央视春晚上与侯宏澜上演《指尖与足尖》。

……

他，就是被誉为"百年不遇的钢琴天才"的郎朗。然而成功的光环后总是有着不为人知的辛酸。

1991年，父亲带着9岁的郎朗来到北京寻找他们的音乐梦。

可是，父子俩一无关系、二无背景，仅凭着对音乐的执著

与热爱，根本不足以引起音乐界的重视。为了能够待在京城，父亲费尽周折，勉强将郎朗送进了一所小学。郎朗的特长是弹钢琴，父亲花高价联系了一位有名的钢琴师给郎朗上辅导课。第一天，钢琴师只教了郎朗一段简单乐谱，就摇起了脑袋："这孩子，脑子比一般人笨，反应也慢，肯定上不了中央音乐学院的，趁早改行吧！"结果，性格倔强的郎朗当场就和老师吵了起来，父亲怎么也劝不住，师生俩闹得不欢而散。

看着郎朗，父亲心里一阵难过："这些年，爸爸辞职、卖房子，背井离乡，到处求人，不都是为了你能学好钢琴，将来上中央音乐学院吗？你现在却成了这个样子！"郎朗的倔劲儿又上来了："爸，我再也不学琴了，我想回沈阳！"经过又一场争执之后，父亲由失望变成绝望，决定带郎朗离开北京了。在他们动身的当天，郎朗接到了一个意外的通知：郎朗所在的小学办晚会，老师们指定要郎朗弹奏一曲钢琴。郎朗显然还在气头上："不弹了，不弹了，连钢琴老师都说我笨，反应慢，我再也不摸琴了！"几位老师都很奇怪："弹得好好的，怎么说不弹就不弹了？""不摸琴？你父亲送你来北京，不就是为了学琴的吗？"然而，无论老师们怎么做工作，郎朗就是不肯再摸琴了。

他们的争执引来了一群好奇的观众，那就是郎朗班上的同学。接下来，令郎朗感动的一幕出现了，同学们你一言我一语地帮着劝开了："弹吧，我们都喜欢听你弹琴！""在我们心中，你是弹得最棒的！"……那天晚上，郎朗流着泪，以从未有过的激情，弹奏了几支中外名曲。台下的听众们听得听得如痴如醉。郎朗弹完后，掌声四起，久久没有停下。郎朗站起身来，一遍又一遍向着鼓励他的人们鞠躬，在那些连绵不断的掌声中，郎朗做出了一个改变一生的决定："我要学钢琴！我一定要学好！"凭着过人的自信加努力，两年后，郎朗以第一名的成绩考入中央音乐学院附小；若干年之后，他凭着一系列成功的演出技惊中外。

感悟 ganwu

音乐有着鼓舞人心的力量，而身为乐器之王的钢琴尤其如此。郎朗用优美的旋律征服了班上的同学，也为他自己迎来了崭新的人生。当动人心弦的琴声响起，请不要吝啬你的掌声，也许它将改变一个音乐天才的一生。

成名之后，很多人问起郎朗成功的秘诀，郎朗无一例外都会提及小学时那场特殊的晚会，提及激励自己的掌声。后来，一位记者在专访中动情地写道：这些鼓励的掌声，尽管不是出自名人大腕，但却在关键时刻，以恰到好处的声音，拯救了一位音乐天才。

150％的努力

感悟 ganwu

我们听音乐时，倘若没有用心体味，就不能领略其真正韵味，更何况是创作呢？那同样是用努力换来的。如果这种努力能带给人们愉悦，辛苦一点又有什么呢！

卡罗斯·桑塔纳是一位世界级的吉他大师，他出生在墨西哥，17岁的时候随父母移居美国。由于英语太差，刚开始时桑塔纳在学校的功课一团糟。

有一天，他的美术老师克努森把他叫到办公室，说："桑塔纳，我翻看了一下你来美国以后的各科成绩，除了'及格'就是'不及格'，真是太糟了。但是你的美术成绩却有很多'优'，看得出你有绘画的天分，而且我还看得出你是个音乐天才。如果你想成为艺术家，那么我可以带你到旧金山的美术学院去参观，这样你就能知道你所面临的挑战了。"

几天以后，克努森便真的把全班同学都带到旧金山美术学院参观。在那里，桑塔纳亲眼看到了别人是如何作画的，深切地感到自己与他们的巨大差距。

克努森先生告诉他说："心不在焉、不求进取的人根本进不了这里。你应该拿出150％的努力，不管你做什么或想做什么都要这样。"

克努森的这句话对桑塔纳影响至深，并成为他的座右铭。

1966年以桑塔纳为核心在美国的旧金山成立了他们的乐队，取名为"桑塔纳布鲁斯乐队"（Santana Blues Band）。70年代初，"桑塔纳"乐队创造了拉丁音乐的新型节奏和旋律，并将它们融进了摇滚乐中，桶鼓和拉美打击乐器形成了这种声音的核心，伴随着鼓手提供的更复杂的节奏，他们的音乐更受欢迎。

1973 年，桑塔纳与著名的爵士萨克斯管演奏家约翰·科尔特兰合作录制了专辑《给投降者的爱》（*Love Devotion Surrender*）。此后，桑塔纳不断地将摇滚乐、爵士乐和拉丁音乐相结合，使乐队的风格更加丰富多彩。

2000 年，桑塔纳以《超自然》专辑一举获得了 8 项格莱美音乐大奖。

幻想交响曲

19 世纪法国有一位杰出的作曲家叫白辽士，当时他只是个对音乐有兴趣的业余爱好者。有一次，他到巴黎奥德翁剧院观赏英国剧团演出的莎翁悲剧《罗密欧与朱丽叶》，深深地被扮演朱丽叶的史密斯所吸引，她是那么美丽天真，和他的梦中情人一模一样。在散场后他马上向她求婚，用动情的语言请求史密斯嫁给他，他愿意一生保护她，没想到却被对方断然拒绝。

遭到拒绝的白辽士深受痛苦的打击，从此把满腔的热情和悲愤投入到音乐的创作和研究中，终于写出表达自己对爱情绝望、狂热和梦幻的《幻想交响曲》。

当这部交响曲在巴黎公演时，刚好史密斯小姐也在场聆听，聪慧的她清楚领悟到这是白辽士为她所写的，而音乐中流露出的真挚情感更是深深打动了她的心，不禁自责当初对他太冷漠了。

不过，忙于演出的史密斯一直还未结婚，当她对《幻想交响曲》表示由衷的赞扬后，白辽士再次向她表达热烈的爱慕之意，而她也接受了。最后，这对有情人终成眷属。而白辽士后来也成为法国最伟大的作曲家，开创了法国音乐浪漫派的先河。

感悟 ganwu

白辽士将生活中的爱与恨变成艺术创作的激情，促成了《幻想交响曲》的诞生。用激情来灌溉这棵音乐之花，它将会结出丰硕的果实。

弹断 100 根琴弦

一个失明的老琴师带着一个失明的徒弟浪迹天涯，到处为人弹琴。老琴师以前的师傅告诉他，琴里面有一张医治失明的药方，但要弹断琴上的 100 根弦以后，方能取出。老琴师对老师的话深信不疑，他每天带着徒弟在各个城市游走，用音乐表达他们对世界的向往和热爱。几十年过去了，这时候，老琴师已经弹断 99 根了，眼看就能看到这个世界了，老琴师的心里很激动，回想自己的一生，也总算没有白过：既带给别人无尽的快乐，又充实了自己的人生，最后仍能幸运地看一眼这个世界，也死而无憾了。

突然间，一阵清脆的响声，老琴师弹断了第 100 根琴弦。当他兴奋地打开琴取出药方奔到药店时，药店老板却说，那只是一张白纸……对于别人，这也许是个晴天霹雳，或许经受不住这个打击，产生厌世的想法。但老琴师并没有难过，反而有所领悟了。他在一瞬间理解了师傅的苦心，他平静地对他的徒弟说："原来师傅记错了，是 120 根而不是 100 根，记住，你一定要用心地弹啊！"

老琴师的眼睛虽然没有复明，但这个过程却让他得到了整个心灵的复明！从此，在他的琴声中，我们体会到了一种对生命的感恩。

拉姆斯敦先生的外甥

每天黄昏的时候，我都会带着小提琴去尤莉金斯湖畔的公园散步，看鲜红的落日缓缓沉入大地的怀抱，瑰丽的晚霞肆意染红西方的天空，然后在夕阳中拉一曲《圣母颂》，或者是在迷蒙的暮霭里奏响《麦绮斯冥想曲》。我喜欢在那悠扬婉转的

旋律中编织自己美丽的梦想，喜欢让音乐洗去一切的喧嚣，让心灵得到完全的释放。小提琴让我忘掉世俗的烦恼，把我带入一种田园诗般纯净恬淡的生活中去。

那天中午，我驾车回到离尤莉金斯不远的花园别墅。刚刚一进客厅门，我就听见楼上的卧室里有轻微的响声，那种响声我太熟悉了，是我那把阿马提小提琴发出的声音。"有小偷！"我一个箭步冲上楼，果然不出我所料，一个12岁左右的少年正站在那里抚摸我的小提琴。那个少年头发蓬乱，脸庞瘦削，不合身的外套鼓鼓囊囊，里面好像塞了些东西。我下意识地瞥了一眼原来放在床头上的一双新皮鞋，现在它果然不见了，看来他一定是个贼。我用结实的身躯堵住了少年逃跑的路，这时，我看见他眼里充满了惶恐、胆怯和绝望。就在刹那间，我突然想到了记忆中那块青色的墓碑，我愤怒的表情顿时被微笑所代替，我问道："你是拉姆斯敦先生的外甥鲁本吗？我是他的管家，前两天我听拉姆斯敦先生说他有一个住在乡下的外甥要来，一定是你，你和他长得真像啊！"

听见我的话，少年起先一愣，但很快他就接腔说："我舅舅出门了吗？我想我还是先出去转转，待会儿再来看他吧。"我点点头，然后问那位准备将小提琴放下的少年："你很喜欢小提琴吗？""是的，但我很穷，买不起。"少年回答。"那我将这把小提琴送给你吧。"我语气平缓地说。少年似乎不相信小提琴是一位管家的，他疑惑地望了我一眼，但还是拿起了小提琴，临出客厅时，他突然看见墙上挂着一张我在悉尼大剧院演奏的巨幅彩照，于是浑身不由自主地战栗了一下，然后头也不回地跑远了。我确信那位少年已明白是怎么回事，因为没有哪一位主人会用管家的照片来装饰客厅。

那天黄昏，我破例没有去尤莉金斯湖畔的公园散步，妻子下班回来后发现小提琴不见了，就问我是怎么一回事，我把事情的经过告诉了她，她很不理解，说原谅他就好了，没有必要把那么名贵的琴送给他。

我说："我给你讲一个故事你就明白了。"

"当我还是一个少年的时候，我整天和一帮坏小子混在一起。有天下午，我从一棵大树上翻身爬进一幢公寓的某户人家，因为我亲眼看见这户人家的主人驾车出去了，这对我来说，正是偷盗的好时机。然而，当我潜入卧室时，我突然发现有一个和我年纪相当的女孩半躺在床上，我一下子怔在那里。那位女孩看见我，起先非常惊恐，但她很快就镇定下来，她微笑着问我：'你是找五楼的麦克劳德先生吗？'我一时不知说什么好，只好机械地点头。'这是四楼，你走错了。'女孩的笑容甜甜的。我正要趁机溜出门，那位女孩又说：'你能陪我坐一会儿吗？我病了，每天躺在床上非常寂寞，很想有个人跟我聊聊天。'我鬼使神差地坐了下来。那天下午，我和那位女孩聊得非常开心。最后，在我准备告辞时，她给我拉了一首小提琴曲《希芭女王的舞蹈》。看见我非常喜欢听，她又索性将那把阿马提小提琴送给了我。就在我怀着复杂的心情走出公寓、无意中回头看时，我发现那幢公寓楼竟然只有四层，根本就不存在所谓的居住在五楼的麦克劳德先生！就是说，那位女孩其实早知道我是一个小偷，她之所以善待我，是因为想体面地维护我的自尊！后来我再去找那位女孩，她的父亲却悲伤地告诉我，患骨癌的她已经病逝了。我在墓园里见到了她青色的石碑，上面镌刻着一首小诗，其中有一句是这样的：'把爱奉献给这个世界，所以我快乐！'"

听了我的话，妻子明白了，她说："你是对的，亲爱的。"

三年后，在墨尔本市高中生的一次音乐竞技中，我应邀担任决赛评委。最后，一位叫梅里特的演奏小提琴的选手凭借雄厚的实力夺得了第一名！评判时，我一直觉得梅里特似曾相识，但又想不起在哪里见过。颁奖大会结束后，梅里特拿着一只小提琴匣子跑到我的面前，脸色绯红地问："先生，您还认

识我吗?"我摇摇头。"您曾经送过我一把小提琴,我一直珍藏着,直到有了今天!"梅里特热泪盈眶地说,"那时候,几乎每一个人都把我当成垃圾。我也以为我彻底完蛋了,但是您让我重新拾起了自尊,让在贫穷和苦难中挣扎的我心中再次燃起了改变逆境的熊熊烈火!今天,我可以无愧地把小提琴还给您了……"

梅里特含泪打开琴匣,我一眼瞥见自己的那把阿马提小提琴正静静地躺在里面。梅里特走上前紧紧地搂住了我,三年前的那一幕顿时重现在我的眼前,原来他就是"拉姆斯敦先生的外甥鲁本"!

清 风 流 水

有位老太太,她晚年因战祸而家破人亡,便卖掉了大房子,只留下偏僻处的一间小茶室自住,好在茶室外围有个菜园子。

有一天,老太太在伊豆温泉旅行。有个名叫乔治的 17 岁少年在伊豆山投海自杀,被警察救起。他是个美国黑人与日本人的混血儿,愤世嫉俗,末路穷途。老太太到警察局要求和青年见面,警察同意了她的要求。

"孩子,"她说道,乔治扭过头去,像块石头,全然不理会。老太太用安详而柔和的语调说下去,"孩子,你可知道,你生来是要为这个世界做些除了你以外没人能办到的事吗?"

她反复说了好几遍,少年突然回过头来,说道:"你说的是像我这样一个黑人?连父母都没有的孩子?"老太太不慌不忙地回答:"对!正因为你肤色是黑的,正因为你没有父母,所以,你能做些了不起的妙事。"少年冷笑道:"哼,当然啦!你想我会相信这一套?"

"跟我来,我让你自己瞧。"她说。

孩子无处可去，只好跟在老太太身后回到了菜园。

老太太把他带回小茶室，叫他在菜园里打杂。虽然生活清苦，她对少年却爱护备至，生活在小茶室中，身处于草木苍郁的环境里，乔治慢慢地也变得心平气和了。老太太给了他一些生长迅速的萝卜种，十天后萝卜发芽生叶，并逐渐长成旺盛的生命，乔治得意地吹着口哨，他又用竹子自制了一支横笛，吹奏自娱，老太太听了称赞道："除了你没有人为我吹过笛子，乔治，真好听！"

少年渐渐有了生气，老太太便把他送到高中念书。在求学那四年，他继续在茶室菜园内种菜，也帮老太太做点零活。高中毕业后，乔治白天在地下铁道工地做工，晚上在大学夜间部深造。大学毕业后，他在盲人学校任教，对那些失明的学生关怀备至。

学生们常说："老师，你吹的笛子，让我好像看到了许多我不能看到的东西，我很快乐。"

有的学生说："老师，你一定长得很像天使，因为你是那么善良。"

这时候，其他的学生会说："对，老师是最伟大的人。"

乔治的心里快活极了。

"现在，我已相信，真有别人不能而只有我才能做的妙事了。"乔治对老太太说。

"你瞧，对吧？"老太太说，"你如果不是黑皮肤，如果不是孤儿，也许就不能领悟盲童的苦处。只有真正了解别人痛苦的人，才能尽心为别人做美妙的事。你17岁时，最需要的就是有人爱惜你，可没有人爱惜，所以那时想死，是吧？你大声呐喊，说你要的根本不可能得到，根本就不存在——可是后来，你自己却有了爱心。"

乔治心悦诚服地点点头。

老太太意犹未尽，继续侃侃而谈："尽管爱护你自己的快

感悟
gǎnwù

音乐没有偏见，凡是热爱它的人它都给予回报。爱心的付出，让音乐更加震人心魂，催人奋进。

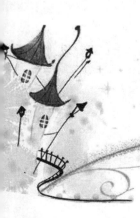

乐，等到你从他们脸上看到感激的光辉，那时候，甚至像我们这样行将就木的人，也会感到活下去的意义。"

在老太太的茶室里，年轻的乔治利用假日自谱笛曲，吹奏给他的盲学生听。他把流水、浪潮以及绿叶中的风声，都谱进了乐曲。那些盲童眼不能见，手却能写，为那首乐曲题名为《清风流水》。

自由人创造生活

金字塔的建造者，不会是奴隶，应该是一批欢快的自由人！第一个作出这种预言的，是瑞士钟表匠塔·布克。1560年，他在埃及的金字塔游历时，作出了这个预言。

2003年，埃及最高文物委员会宣布，通过对吉萨附近六百处墓葬的发掘考证，金字塔确实是由当地具有自由身份的农民和手工业者建造的，而非希罗多德在《历史》中记载的是由三十万奴隶建造的。

在四百多年前，一个钟表匠为什么一眼就看出，金字塔是自由人建造的呢？自埃及考古工作者证实了布克的判断后，埃及国家博物馆馆长多玛斯便对这个钟表匠产生了兴趣。他想知道这个人到底是凭什么作出那种预言的。

为了搞清这个问题，他开始搜集布克的有关资料。最后，他发现布克是从钟表的制造预知那个结果的。

布克原来是法国的一名天主教信徒。1536年，因反对罗马教廷的刻板教规，被捕入狱。由于他是一位钟表大师，入狱后，被安排制作钟表。在那个失去自由的地方，他发现无论狱方采取什么高压手段，都不能使他们制作出日误差低于1/10秒的钟表。可是，入狱前的情形却不是这样。那时，他们在自己的作坊里，都能使钟表的误差低于1/100秒。

为什么会出现这种情况？起初，布克把它归结为制造的环

感悟
ganwu

金字塔是伟大的建筑，它那设计奇特的建筑艺术凝聚着古埃及劳动人民的智慧和心血。只有身心和谐的工匠，才能把建筑艺术发挥到最佳水平。

17

境，后来，他们越狱逃往日内瓦，才发现真正影响钟表准确度的不是环境，而是制作钟表时的心情。

对于金字塔的建设者，他之所以能得出自由人的结论，就是基于他对钟表制作的那种认识。埃及国家博物馆馆长多玛斯在塔·布克的史料中发现了这么两段话：

一个钟表匠在不满和愤懑中，要想圆满地完成制作钟表的1 200道工序，是不可能的；在对抗和憎恨中，要精确地磨锉出一块钟表所需要的254个零件，更是比登天还难。

金字塔这么大的工程，被建造得那么精细，各个环节被衔接得那么天衣无缝，建造者必定是一批怀有虔诚之心的自由人。真难想象，一群有懈怠行为和对抗思想的人，能让金字塔的巨石之间连一片刀都插不进去。

塔·布克是第一批因反宗教统治而流亡到瑞士的钟表匠，他是瑞士钟表业的奠基人和开创者。据说，瑞士到目前仍保持着塔·布克的制表理念：不与那些工作采取强制性、有克扣工人工资行为的国外企业联营。他们认为，那样的企业永远造不出瑞士表。

最美妙的音乐

一个朋友很喜欢过乡下的恬静生活。他在乡下一个环境优美的地方买了一栋房子，就在那里过起了居士的生活。我们经常打电话诉说彼此的生活。

有天晚上，他兴致勃勃地向我描述乡间的静谧，月色的纯美，小河的欢畅……说着，他好像觉得用语言表达他的喜欢之情还不够，就一边打开录音机，一边对我说："我让你听一段我录制过的最美妙的音乐。"

我好奇地等待着，可听不到一丝声音。

"什么都听不见。"我不耐烦地叫嚷起来。

"那就是了，"他说，"你简直无法想象，要找个地方录制这样一段寂静，多难啊！"

危急时刻的小聪明

英国著名大画家索希尔，有一次应英国女王的邀请在皇宫里画壁画。为画这幅巨作，画家搭起了一个三层楼高的脚手架。索希尔每天都忙碌地站在架子上作画，他甚至忘记了吃饭和睡觉，绘画带给他的是精神上的食粮。他精心地绘制着这幅画。

女王带领一批大臣前来观看。当时索希尔正站在脚手架上全神贯注地审视着自己的作品。他一边看一边往后退，一直退到脚手架的边缘，可他自己却丝毫没有觉察到死神的手已经触摸到了他。

站在脚手架下的女王和大臣们全都吓呆了，但谁也不敢出声，大家知道，谁要是喊出声来，索希尔一定会受到惊吓，掉到地上摔死。没人能从十几米的高处掉下来安然无恙。

这时，站在索希尔身边的助手情急生智，他大步冲到壁画前，拿起画笔在壁画上乱涂起来。索希尔见此勃然大怒，急忙奔上前去抢夺助手手里的画笔，大声质问："你疯了吗？"

助手却笑着说："先生，是我救了你呀！"

索希尔得知事情的经过以后，连连向助手道谢。他的助手用逼出来的灵感，救了他一命。

感悟 ganwu

由于对绘画极度痴迷，索希尔面临生命危险却不自知，也正是由于对绘画作品的热爱，才挽回了他宝贵的生命。热爱和付出让他的名字更加响亮！

从现在开始

有一个好强的小女孩，一直想超过同龄人，无可否认，她很努力，她的努力有时也很让她欣慰。可是在上中学以后，事情就发生了变化。

学习画画的同学，由于接受能力的不同，你的水平会一时落在别人后面。在这个时候，不要灰心，要把比你强的同学当做一个榜样，把对他的美慕转变为前进的动力，这样用不了多久，你就会迎头赶上他。

记得那女孩刚进中学时，有一个同学的画比她画得棒，她沮丧得要命。每次上课，她都要和那个同学作比较，如果老师给那个同学的分数要比她高，她就气得要命。后来，女孩的父亲对她说："你不要和别人比。"她说："我心里不舒服。"

父亲说："大概你没使什么劲吧！"她苦笑道："从现在开始，我要加倍努力。"

父亲告诉她说："你们两个都是长跑运动员，她跑在前面，你得迎头赶上去。画吧，尽自己最大的努力。过一段时间，事情会发生变化的。"她点点头，同意父亲的观点。

大约一个多月的时间，她都在竭尽全力追赶。父亲说："现在把你的画和那位同学的作品摆到一起吧。"她按父亲的话做了，回家后她一脸的灿烂。果然，她胜利了。

"米老鼠"的诞生

他是一位孤独而又窘迫的画家。

他在堪萨斯城谋生的时候，曾到堪萨斯《明星报》报社应征，想在那里找份合适的工作，开始自己的事业。然而，该报社的主编在审查过他的作品以后，却坚决地摇了摇头，认为他的作品缺乏新思想，他不能胜任报社工作。这使他非常失望和沮丧。

后来，费尽周折，他总算找到了一份工作——给教堂作画。可是，工作的报酬低得可怜，由于没有能力租用画室，他只好借用父亲的车库临时办公。

车库里充满了汽油味，而且经常有老鼠出没。有一天，当他和往常一样在车库工作的时候，忽然看见一只老鼠在地板上跳跃。这让他突然有了种同病相怜的感觉，他和小老鼠一样都是可怜人。望着小老鼠乖巧的样子，他喜欢上了它，赶紧找了一些面包屑给它吃。渐渐地，他们混得熟悉了。老鼠的胆子也

大了，他们成了好朋友，有的时候，那只老鼠竟敢大胆地爬上他工作的画板，并有节奏地跳跃着。

没多久，他又获得一个极好的工作机会：到好莱坞去摄制一部以动物为主角的卡通片。他很快投入了工作，并且信心百倍地干起来。不幸的是，他失败了，并且因此穷得身无分文。

再度穷困潦倒以后，他失业在家。有一天，他又在父亲的车库里转悠，突然想起了那只曾经和他相处极好的老鼠。灵机一动，他找来画纸，把这只老鼠的可爱形象画了出来。出人意料的是，卡通世界有史以来最伟大的动物形象——"米老鼠"，就这样奇迹般地诞生了。

这位年轻的画家，也因此而名噪全球。他就是著名的国际卡通漫画艺术大师沃特·迪斯尼先生。

· 用你的心去跳舞 ·

苏莎是一位著名的印度舞蹈家，在其事业的巅峰时期却不幸遭遇了车祸，她的右腿被迫截肢。对于一个以舞蹈为职业的人来说，失去了一条腿，无疑也就失去了整个事业。但苏莎却并不轻言放弃。在随后的几个月里，苏莎邂逅了一位医生，这位医生用在硫化橡胶中填充海绵的方法改进了假肢技术，为苏莎量身定做了一个新型假肢，装上假肢后，苏莎重返舞台的愿望也日益变得强烈和迫切起来。

苏莎知道，首先自己要坚信梦想一定能实现。于是，为重返舞蹈世界，她开始了艰苦的尝试，练平衡，练弯曲，练伸展，练行走，练转身，练旋转……直到开始翩翩起舞。

在其后的每一次公开演出中，她都忐忑不安地问父亲演出效果如何，而每一次，她得到的回答都是："你还有很长一段路要走。"终于，在孟买的一次演出中，苏莎实现了历史性的恢复，她以令人不可思议的舞姿震惊了所有的观众，让每一位

在场的观众都感动得热泪盈眶，苏莎也因为这次演出的巨大成功而重新夺回了原本属于她的舞蹈皇后的位置。

当演出结束后，她再次向父亲征询意见，这次父亲什么也没有说，只是充满慈爱地抚摸着她的假肢，眼里满是爱。

苏莎奇迹般的成功极大地鼓舞了当地的人们，经常不断地有人问她：在近乎绝望的逆境中，你是如何战胜自己并最终取得成功的。苏莎总是很平淡地说："我经常告诫自己，跳舞用的是心而非脚。"

唐伯虎的《川上图》

感悟
ganwu

"不画一笔，尽得风流"的艺术技法，往往使作品更加韵味隽永，魅力四射。"文虽止而意无穷"，给人以想象的余地，达到无物胜有物的意境，堪称绝妙。

《川上图》是一幅令人拍案叫绝的图画，栩栩如生地画了一个人牵着毛驴过桥。桥下河水哗哗，波涛汹涌。小毛驴似乎害怕了，拼命地扭着头，撑着蹄，不肯上桥。牵驴人憋足了劲，用力拽紧缰绳不放。其实，画上的人与驴之间并没有画缰绳，但从驴和人那逼真的姿态、神情和动作上让人感到了缰绳的存在。

后来，这幅出自明代画坛大师唐伯虎之手的《川上图》曾挂在画铺里被一位颇具鉴赏力的行家看中，以百两纹银的高价成交，因为身上所带银两不多，于是就预先付了十两定金，约定第二天来取画。当夜，喜出望外的画铺老板捋着山羊胡，眯着眼睛在细细玩赏这幅如此贵重的画时，发现没画缰绳，这可如何是好，若被买主识破，眼看利润丰厚的买卖岂不泡汤了？他眼珠子骨碌碌一转——有了，于是小心翼翼地提笔添上缰绳。第二天老板喜滋滋地迎接买主，买主一看画，大吃一惊，说："这不是昨天那幅画了吧。"老板信誓旦旦地保证是昨天的画。买主于是问道："那这缰绳是谁画上去的呢？"老板无言以对。买画的人说："这幅画妙就妙在没画缰绳，现在缰绳都画上去了，我还要它做什么！"

物我两忘的秘诀

张大千先生的作品，除了绘画功夫深厚外，还有神似而非形似的特色，让人见了有"物我两忘"的感受。

对此很多人追问他的秘诀是什么。

"也许是常旅游吧！"他认为，"用心体会自然，摄取自然的精神。"艺术界人士传说大千先生在名山中，较偏爱黄山。他不很同意："其实，我国的名山很多，各有其可观之处，说我偏爱黄山，不一定对，但黄山在我们这一代可以说是我去开发的。"大千先生特别加重"开发"二字的语气："我在二十八岁、三十一岁、三十六岁这三年，三度游黄山。第一次去时，真是荒草蔓径，根本无路可行，我带了十几个工人去，真是逢山开路，遇水搭桥，一段一段地走，方便了以后游黄山的人。"黄山的特色，全在一个"奇"字。大千先生身入其中后，仔细领略山川灵气，体会物情，观察物态，融会贯通，当胸中有了丘壑后，自然能画出传神的画。

曾有人称誉张大千先生是天才，他却不以为然："我不强调什么天才，也不主张什么刻板的功课，不论学什么，最重要的是兴趣。有人说'三分人事七分天'，我赞成'七分人事三分天'，自己下功夫最重要，尤其是在基础上下功夫最重要。"大千先生还有一个说法，道出他做一个画家的雄心壮志，也可以说是莫大的乐趣，他说："画家在作画的时候，他自然就是上帝，有创造万物的特殊本领，画中要它下雨就下雨，要出太阳就出太阳。造化在我手里，不为万物所驱！这里缺山便加峰，删去乱石可加瀑布，一片汪洋加叶扁舟。心中有个神仙境界，便要画出那个神仙境界，这就是科学家所谓的改造自然，也就是我们古人所谓的'笔补造化天无功'！"

大千先生下结论说："总之，画家可以在画中创造另一个

感悟
gǎnwù

美在自然中，身处自然，投入自然，达到物我两忘的境界，一定会有绘画杰作产生，而同样，绘画又给了我们自由发挥的快乐。

天地，要如何去画，全在自己意念的创构。有时画画固然要描绘现实，表现现实，但也不能太顾现实。这其间如何取舍，就全凭画家的思想与工夫了！"

挺起你的胸膛

70多年前，一位挪威的青年来到法国，报考著名的巴黎音乐学院，考试的时候，尽管他竭力将自己的水平发挥到最佳状态，但主考官仍然没有看中他。

身无分文的青年来到一条繁华的街上，在一棵树下拉起手中的琴，他拉了一曲又一曲，由于投入了感情，他的曲子非常动人，吸引了无数路人驻足聆听。围观的人们还纷纷掏钱放入琴盒。这个饥饿的人终于可以吃到一顿饭了。

这时，一个无赖鄙夷地将钱扔在青年的脚下，青年弯下腰拾起地上的钱，递给无赖说："先生，您的钱掉在地上了。"

无赖接过钱，重新扔在青年的脚下，再次傲慢地说："这钱已经是你的了，你必须收下！"

青年不卑不亢地说："先生，谢谢您的资助！刚才您掉了钱，我弯腰为您捡起，现在我的钱掉在了地上，麻烦您也为我捡起！"

无赖在众人谴责的目光下，最终捡起地上的钱，放入琴盒，然后灰溜溜地走了。

围观者中有一人一直默默地注视着青年，他就是巴黎音乐学院的那位主考官。目睹这一幕后，主考官决定录取这位青年。

这位青年叫比尔·撒丁，后来成为挪威小有名气的音乐家，他的代表作就是——《挺起你的胸膛》。

感悟
ganwu

音乐是纯洁的，高尚的。它可以让一个人的品质、人格不断提升，从而使生活更加有滋有味。

颜真卿学书法

颜真卿是唐代著名书法家。

为了学习书法，颜真卿曾拜在张旭门下。张旭是唐代首屈一指的大书法家，各种字体都会写，尤其擅长草书。颜真卿希望在这位名师的指点下，很快学到写字的窍门，从而一举成名。但拜师以后，张旭却没有透露半点书法秘诀。他只是给颜真卿介绍了一些名家字帖，简单地指点一下字帖的特点，就让颜真卿临摹。有时候，他带着颜真卿去爬山，去游水，去赶集、看戏，回家后又让颜真卿练字，或让颜真卿看他挥毫疾书。

转眼几个月过去了，颜真卿得不到老师的书法秘诀，心里很着急，他决定直接向老师提出要求。

一天，颜真卿壮着胆子，红着脸说："学生有一事相求，请老师传授书法秘诀。"

张旭回答说："学习书法，一要'工学'，即勤学苦练；二要'领悟'，即从自然万象中接受启发。这些我不是多次告诉过你吗？"

颜真卿听了，以为老师不愿传授秘诀，又向前一步，施礼恳求道："老师说的'工学''领悟'，这些道理我都知道了，我现在最需要的是老师行笔落墨的绝技秘方，请老师指教。"

张旭还是耐着性子开导颜真卿："我是见公主与担夫争路而察笔法之意，见公孙大娘舞剑而得落笔神韵，除了苦练就是观察自然，没什么别的诀窍。"

接着他给颜真卿讲了晋代书圣王羲之教儿子王献之练字的故事，最后严肃地说："学习书法要说有什么'秘诀'的话，那就是勤学苦练。要记住，不下苦功的人，不会有任何成就。"

老师的教诲，使颜真卿大受启发，他真正明白了为学之

感悟 gǎnwù

书法是中国特有的一种传统文化及艺术，它承载着中华五千年文明，身为华夏儿女，我们应从小说好中国话，练好中国字。要想练好字，一是下苦功夫，二是学会领悟，须知书法中也有大智慧。

道。从此，他扎扎实实勤学苦练，潜心钻研，从生活中领悟运笔神韵，进步很快，最终成为中国古代四大书法家之首。

美丽人生

　　电影《美丽人生》讲述了这样一个故事：

　　基多是一个外表看似笨拙，但心地非常善良且生性乐观的犹太青年。1939年春天，战争的阴云笼罩着欧洲大地，基多为了寻找自己的理想和爱情全然不顾当时法西斯的高压统治，来到了意大利阿雷佐的斯坎小镇，他的愿望是在小镇上开一家属于自己的书店，过与世无争的安逸生活。

　　可由于他的犹太血统，开店的申请没有得到批准，基多只好在一家饭店当服务员。一次，基多骑车上班时无意中撞倒了多拉，基多被爱神丘比特之箭射中，他向多拉表白了爱慕之情。

　　多拉是镇里的小学教师，她的未婚夫是当地的一个纳粹走狗。一天，从罗马来的督学要到学校视察，基多得知后，竟冒充督学来到学校，校长热情地接待了他，为引起多拉的注意，基多索性跳上讲台施展起喜剧演员的才华，惹得学生开怀大笑，令校长和教师瞠目结舌。

　　基多凭着超人的幽默感和机智，最终赢得了多拉的爱情。多拉不惜跟父母闹翻，离家出走，嫁给了基多。几年后他们有了可爱的儿子小乔苏，同时基多也实现了一生中最大的梦想，即拥有一家自己的书店，一家三口过着祥和安宁的幸福生活。

　　然而随着战争的升级，这一切都在顷刻间化为乌有。在反犹太政策下，德军在意大利开始疯狂迫害犹太人，基多与刚满五岁的儿子因为具有犹太血统被抓到了犹太人集中营。为了能同丈夫和儿子在一起，善良的多拉也要求去集中营。为了让儿子幼小的心灵免遭罪恶的践踏，基多哄骗儿子说集中营只是一

个为他即将到来的生日而准备的一个"游戏"，规则是不吵闹不吃零食，这里所有的人都是游戏的参与者，遵守游戏规则的人最终能获得一辆真正的坦克。儿子信以为真，虽然在集中营里父子经历了种种磨难，但每次基多都用美丽的谎言哄着儿子继续玩这场游戏。时间一天天过去，基多在无奈的谎言和残酷的现实中苦苦挣扎，但他尽自己的全力使儿子的童心没有受到任何伤害。

当解放来临之际，小乔苏回到了妈妈的身边，但基多却没有逃过纳粹的屠刀，历尽磨难的他最终惨死在纳粹的枪口下。

吉 他 情 深

2013年4月12日《我是歌手》节目在齐秦和齐豫的一曲《梦田》中结束，不由得把我们带回到齐秦的过往人生。

齐秦曾经是一个在迷途上走得很远的孩子，喝酒，打架，天不怕地不怕，没有什么不敢做的。他父亲常常愤怒不已，但除了把他打个半死之外，也是无计可施。齐秦每次挨了父亲的痛殴之后，依然我行我素，为所欲为。

顽石终于受到重罚，在一次肇事之后，齐秦被押进台南的彰化感化院，羁期一年。亲友都疏远了他，在异乡的感化院，他异常孤独，想起以前的日子，他突然觉得有种虚度的感觉，他下定决心告别那段灰暗的日子，这时，他渴望有家庭的真情包裹自己。终于盼来姐姐齐豫的探视，他向姐姐说了一大堆的好话，保证自己一定会好好接受感化，重新做人。姐姐听惯了他的盟誓，挡了他一句："少来啊，你少骗我。"齐秦有点绝望。

七天后，齐秦从监管人员那儿得知有人来探视，疑疑惑惑地赶去，看到了风尘仆仆的姐姐齐豫。姐姐给他买了洗发水、皮带、内衣等日常用品，笑着看他，听他说话，直到探视时间结束。打这以后，齐豫几乎每周都会从台北赶来看他。从台北到台南，从台南到彰化，从彰化到感化院，要倒好几趟车，光赶路就得花去一整天的时间，尽管如此，齐豫都风雨无阻。

从感化院出来，父亲怕齐秦再惹是生非，把他关在家里，让他与世隔绝，阻断他与那帮朋友的来往。其实这些对当时的齐秦来说已经没有必要了，他已经没有了以前的坏习惯，对父亲，他有了一份歉疚，可是他却无法对父亲诉说自己的想法。姐姐回家的时候，齐秦对她说："姐，我想做音乐。"她还是那句老话："少来啊，你少骗我。"

齐秦一个人在家里感到极端无聊，觉得自己还像在感化院一样。

这个时候，姐姐齐豫抱来一把崭新的吉他送给他，对他说："如果你想做音乐，你就好好弹！"齐秦的眼里流露出惊喜，抱起吉他兴奋地弹了起来。

有了这把吉他，家里便回荡起悠悠的吉他声，在这吉他声中，齐秦开始了人生的音乐之旅。后来，齐秦以《北方的狼》《大约在冬季》《原来的我》等一批脍炙人口的作品享誉华语乐坛。

齐秦为了音乐四处奔波，这把姐姐赠予的吉他一直陪伴着他。音箱破了，就包扎好，断了琴弦，又续上……最后，它成了一把无弦的吉他，可还是一直被齐秦珍藏着，成了他心灵的慰藉和情感的支撑。无弦的吉他伴他在音乐中自由徜徉，让他在真情世界遨游，同时也成就了他的乐坛地位。

我的兄弟姐妹

《我的兄弟姐妹》是一部催人泪下的电影。

年轻女音乐家齐思甜首度回国举行演奏会，其实她想趁这

个机会寻找失散多年的兄弟姐妹。

二十年前，他们本是东北某小市镇里的一户幸福家庭。父亲在小学里教音乐，生活虽然清贫，但在母亲的操持下也过得挺有滋味。一个风雪交加的夜晚，由于积劳成疾，母亲突然病重，在父亲执意之下，决定连夜送到医院治疗。没想到，由于雪太大，积雪成冰，在途中两人遇上车祸，一夜之间，四个孩子就失去了父母，成了孤儿。

在表叔的坚持下，这四个可怜的孩子由他收养，但却遭到表婶的强烈反对。略为懂事的大哥齐忆苦，只好带着弟妹们偷偷离开表叔家。他领着三个弟弟妹妹，走在空旷的雪地上，最小的妹妹在喊饿，而哥哥却没有一点东西给他们吃。他们在雪地里抱头痛哭的情景，不知道让多少人流下了眼泪。前途茫茫，为了让弟妹们能过上好日子，忆苦决定忍痛把弟妹送给他人收养。为了日后的相认，他交给每人一张全家福。他将小妹齐妙送给一对孤寡老人；弟弟齐天交托给一对中年夫妇；而二妹思甜则托付给准备出国的李东夫妇。分别的场景令每一个观众潸然泪下。从此四兄弟姐妹各散东西……

二十年后，忆苦当了一名出租车司机，在思甜回国的那天，本来两兄妹有机会重逢，但命运却让他们失之交臂。无意中，忆苦从报纸上看到有关思甜的消息，决定亲自到旅馆与思甜相认。谁知却意外地卷入了一宗交通事故，还成了嫌疑犯，使忆苦不得不东躲西藏。

思甜在男友戴维的帮助下，先找到了在哈尔滨工大读书的齐天，并一起到父母坟前拜祭。从齐天的口中，思甜才知道别后大家的情况。随后，思甜又在舞厅找到了高中毕业后无所事事的齐妙，然而对于意外出现的姐姐，齐妙不但不感到高兴，还冷言相向，令思甜十分沮丧，两人不欢而散。

无家可归的忆苦在小店独自喝酒，却因为那张有思甜消息的报纸与一伙年轻人起了冲突，还打起架来，幸亏齐妙及时解

围并将他带回家。酒醒的忆苦凭着全家福与齐妙相认了，两人不禁喜极而泣。当齐妙带着思甜回家时，却发现忆苦不见了。两人根据忆苦遗下的驾驶证，到出租车公司找忆苦，才知道忆苦出事了。

演奏会的日期临近，继续藏匿的忆苦偷偷地买了两张票。而心急的思甜和齐妙在不停地寻找忆苦，企盼能兄妹重逢。

演奏会当天，齐天和齐妙都到了，唯独缺忆苦。忆苦在去音乐厅的路上由于过于惊慌而被警察发现并逮捕了。在他的恳求之下，忆苦终于出现在音乐厅……在思甜的音乐声中，齐家四兄妹拥抱在了一起……

桓伊用音乐进谏

桓伊是晋代著名的音乐家，他是陕西杜陵人，字叔夏，又字野王。他长于吹笛、弹筝与歌唱，当时被人们称为"江左第一"。

有一次孝武帝司马昌明设酒宴，作为豫州刺史的桓伊也出席了。孝武帝得知桓伊的音乐才能，亲自叫桓伊吹笛助兴。桓伊神色自然，用他常带在身边的一支柯亭笛吹了一首笛曲，这支汉代蔡邕制作的珍贵曲笛，由笛技高超的桓伊来吹，真是清脆婉转，掷地有声，犹如珍珠击玉，抑扬顿挫，令人心醉。

一曲吹毕，桓伊放下笛子，仪态大方地向孝武帝说："臣子弹筝虽不及吹笛的技巧，然而伴奏歌曲还是行的。我想自弹自唱一曲，敬献皇上，同时，希望有一支笛子伴奏。"孝武帝听了，点头赞许了，并为他的豪放豁达而高兴，就命宫中的一名善吹笛的歌伎来为他伴奏。

此时桓伊沉思片刻，又对孝武帝说："宫中的歌伎不熟悉我的歌调，恐怕不能胜任。我家中有一女伎张硕，伴奏得比较好，要她来是否可以？"孝武帝同意了，没多长时间，召来了

女伎。于是在张硕清脆的笛声衬映下，桓伊一面抚筝，一面歌唱。

他唱的是什么呢？原来是一首含义深刻的歌曲："为君既不易，为臣良独难。忠信事不显，事有见疑患。周旦佐文武，金滕功不刊。推心辅王政，二叔反流言。"这首歌的意思是：当皇上的难，做臣子的也难啊，皇上看不到忠臣的心，反而要加以猜忌，好像西周时的周公旦，曾经全心全意辅政，为建立周朝立过大功，结果，周王不仅不将他刻在记功柱上，反而听信了管叔与蔡叔对他的诽谤。

桓伊的整个身心都沉浸在激情之中，他唱得无比深情，无比激昂，音节慷慨，直上云端。在一旁的许多忠心的大臣都明白了桓伊的意思，特别是坐在宴席上的尚书谢安更是激动，他一边听着，一边热泪盈眶，最后禁不住离开自己的座位，走到桓伊的眼前，闪着泪花，抚着胡须，赞道："你唱得好，唱得太妙了！"而一旁的奸佞之徒像是怕见阳光的老鼠一样，恨不得钻到地底下去。孝武帝听了，也领悟到歌曲的寓意了。原来歌词在讽谏他，批评他轻信谗言，猜忌屡建功勋的谢安，所以孝武帝的脸上也显得那样惭愧不安。

美丽的大脚

电影《美丽的大脚》讲述的是这样一个故事：

张美丽是一名农村教师，她唯一出众的地方就是那双能穿四十三码鞋的大脚，凭着这双大脚，她走遍了整座山。她总觉得自己这辈子不太成功，丈夫因无知犯罪，被枪毙了，孩子又因病夭折。失去家庭的她把所有的感情都寄托在学生们身上，她竭尽所能地让村里的孩子接受好的教育。她热情乐观、自然真诚、侠骨柔肠，视学生为己出，在土房子里教着一帮"泥孩子"。她用她那浓厚的地方话教他们识字、造句；她用那跑了

感悟
ganwu

电影以现实为原型，又在现实生活的基础上加以虚构，最后以综合视听的手段来表现。越是贴近生活的作品越能引起观众的共鸣。多看一些情趣高雅的优秀电影，就能提高我们对艺术鉴赏的能力。

调的嗓子，姿势笨拙地领着孩子唱歌跳舞做游戏。

张美丽带着一群孩子边走边唱，伴着飞扬的黄土迎来了北京的志愿者——年轻漂亮的女老师夏雨。她带领孩子们欢迎新老师，一本正经地将"千里迢迢"读成"千里召召"，学生王大河用学驴叫来表示对老师的欢迎。在北京过腻了养尊处优生活的夏雨报名成为一名志愿者，她的到来让这个原本平静的地方骚动了起来。黄土地上的生活潜移默化地改变了夏雨的人生轨迹，同时也逐步地改变了"美丽的大脚"的足迹。

夏雨刚开始不适应穷乡僻壤的艰苦生活，山村里缺水的严重程度令她惊讶，而张美丽的朴实热情常常让她哭笑不得甚至火冒三丈。看到真诚而乐观的张美丽，夏雨简直无法想象张美丽的苦难经历。在朝夕相处的日子里，两个女人之间的误会、冲突、理解、感动以及孩子们的笑让夏雨在不知不觉中被这片土地的美丽所震撼。

当丈夫来接她回北京的时候，夏雨最终还是选择了黄土地，选择了朴素和真诚，因此跟丈夫闹得不欢而散。夏雨怀孕后，张美丽送夏雨回北京生孩子，可是夏雨却悄悄打掉孩子返回了山村学校，张美丽把夏雨背在背上，边哭边骂。作为一个失去丈夫和孩子的农村妇女，能有自己的孩子是最大的幸福，张美丽无论怎么也想不通，夏雨为什么会不要这个孩子；夏雨趴在张美丽的背上也哭了，她无法把自己对婚姻前景的不祥预感告诉这个淳朴的女人，正是为了避免孩子将来的不幸，自己才不得不忍痛放弃。两个经历完全不同的女人，此时，却用相同的泪水述说着心中相同的痛苦，表达着对孩子，对生命同样的渴望。那一刻，她们已经没有什么区别，心灵中最真挚的情感完全融合在了一起，闪耀出最美丽的人性光芒。

为了给孩子们买电脑，张美丽四处求人，好话说尽。当她求到村里的一个"大款"时，"大款"说只要她一口喝下一瓶白酒就可以资助，张美丽毫不犹豫，一口气喝下一瓶"二锅

头"。此时的张美丽俨然是一名舍生取义、大义凛然的女英雄。

志愿活动结束了，夏雨也从"黄土大学"的"大脚班"毕业了。她在这里，体验到了情感的秘密，理解了生活的本质，也领悟了生命的真谛。出于感激，夏雨请张美丽和孩子们去北京看看。张美丽带着孩子们也带着自尊和自卑混杂的心情来到了北京。山村以外的世界让孩子们包括张美丽感到困惑与茫然，而对都市的现代化和一些都市人的傲慢和偏见，张美丽情绪激动，语重心长地给孩子们讲了一番要改变贫穷、改变人生命运的话语。

在一次偶然的事故中，张美丽生命垂危，但她像平静地接受人生苦难一样接受了死亡，而对死神，她微笑着说："人，哭着来到这个世界，但是，一定要笑着离开……"

三位钢琴家演奏《波兰舞曲》

著名的波兰钢琴家、作曲家肖邦，自从1831年华沙起义失败后便在巴黎定居。

这天，巴黎的波兰贵妇人伍定斯基家里来了三位客人。他们都是当时有名的音乐家，也是伍定斯基家的常客。他们是德国的希勒、匈牙利的李斯特和波兰的肖邦。音乐家相见，话题自然而然地围绕着音乐的内容，渐渐地谈到了对民族音乐的看法。这时，他们之间就出现了分歧。原来，希勒不承认音乐有民族意识的存在，他是一个主张"绝对音乐"的作曲家；李斯特是近代标题音乐的鼻祖，他承认任何音乐必定有它的内容；肖邦则认为，他的音乐是绝对的民族音乐。艺术家特有的固执让三人在这一问题上争论不已。气氛有点紧张起来。

于是伍定斯基出来说话了，她说："肖邦刚好完成了一首《波兰舞曲》，争论是难有结果的，不如大家都到钢琴上来演奏一遍，以便证实一下乐曲中到底有没有民族意识这回事。"大

感悟
gɑnwu

如果将音乐束之高阁，远离尘嚣，充其量只能算作是赏风寻月之作。相反，如果将音乐与国家、民族、社会联系起来，无疑，它必将成为最伟大的音乐篇章，也最能打动人心。

家都觉得这是个很好的建议。

于是，首先由希勒坐在钢琴前，把《波兰舞曲》严谨地、以最纯熟的技巧弹奏了出来。因为他认为：如果音乐具有内容，必会破坏音乐的完美的意境，所以他的演奏，确实能令人惊叹他的准确和技巧，但除此之外，就只有茫然和空虚之感了。

李斯特接着坐到钢琴前，他知道，肖邦这首《波兰舞曲》是为了被敌人瓜分了的波兰而作的，李斯特也为此感到同情和激愤。于是，在他的音乐中，人们听到了枪声和火焰，战斗和奔马。战斗结束后，是被蹂躏的波兰女人和儿童在啼哭，最后是绝望的呼喊和勇猛的爱国志士们的热血在沸腾。一曲既罢，四个人的脸上都是泪水。

最后，肖邦坐到了钢琴前。他坐着沉默了很久，因为他觉得，李斯特对这首舞曲的理解是错误的，他必须自己来给以正确的表现。当他的心全部进入音乐境界的时候，只见他轻轻地、喃喃地说："波兰还没有灭亡！"

接着，音乐从钢琴中倾泻出来，弥漫着、扩散着。这里出现的，不是波兰的恐怖、可怨的命运，也不是战争和死亡。这里出现的是波兰的阳光，阳光下是波兰的村庄、羊群；田野里开放着繁茂的鲜花；接着，是波兰的山川流水；愉快而幸福的村民，仿佛在一个假日吹着笛子在舞蹈，还有孩子们在嬉戏……

演奏结束了，四个人都静止不动。肖邦在沉默了一会儿之后，以更轻柔的音调又说了一遍："波兰还没有灭亡！"

其他三个人也不由自主喃喃地说："波兰还没有灭亡。"

四个人的面颊，都被肖邦音乐中的情绪所感染，仿佛他们都经受了波兰的阳光的照耀，浮泛着幸福的红光。从音乐里，仿佛突然看到了波兰，认识到波兰是一个多么美丽的国家……

成功的第一要素

1989 年，享誉世界的音乐指挥家赫伯特·冯·卡拉扬突然病逝，柏林爱乐乐团——世界上最著名的交响乐团，一夜之间失去了自己的当家人。这是一个多么大的损失啊！一个乐团怎么可以没有指挥家呢？在匆忙之中，该乐团匆匆物色了 34 岁的英国人西蒙·拉特尔接替卡拉扬。

所有人都认为拉特尔没有别的选择：对他来说，这是一个无上的荣耀，他没有理由拒绝。然而，就在整个英国都在为拉特尔感到骄傲的时候，他却作出了一个令人费解的决定：断然拒绝了柏林爱乐乐团的盛情邀请。

在争强好胜的英国人眼中，拉特尔显然是一个懦夫。他们甚至还认为，拉特尔的行为给英国人丢了脸。然而拉特尔却另有所见：柏林爱乐乐团以出色地演奏古典音乐而闻名于世，而自己太年轻，对古典音乐的理解还不够透彻。倘若自己没有能力胜任，就不应该接受邀请。

1999 年 6 月，爱乐乐团再次向拉特尔发出邀请。这一次他没有拒绝，很自信地坐上了世界音乐指挥家的第一把交椅。几年来，他以自己对古典音乐卓越的理解，再加上炉火纯青的技艺，大胆而又游刃有余地诠释着古典音乐中美妙的作品，并创造了音乐史上一个又一个的辉煌。

永不停息的人生乐章

那是一个大型的音乐晚会的现场，著名的钢琴家及作曲家帕岱莱夫斯基准备在美国某大音乐厅表演。那是一个值得纪念的夜晚，他穿上了黑色燕尾服——正式的晚礼服，上流社会的打扮。

当晚的观众当中有一位望子成龙的母亲，带着一个烦躁不

感悟 ganwu

再美好的音乐若在没理解透彻时就演奏，只会破坏它在人们心中的美好形象，只有熟练掌握后才能演奏出最完美的乐章。

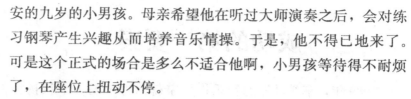

任何伟大的成功都不是一帆风顺的，只要我们有着对音乐的热爱之心，面对周围人的批评和否认，不胆怯，勇敢一点，继续弹下去，我们一定会获得喝彩与掌声的。

安的九岁的小男孩。母亲希望他在听过大师演奏之后，会对练习钢琴产生兴趣从而培养音乐情操。于是，他不得已地来了。可是这个正式的场合是多么不适合他啊，小男孩等待得不耐烦了，在座位上扭动不停。

在母亲转头跟朋友交谈时，小男孩再也按捺不住，从母亲身旁溜走。他被灯光照耀着的舞台上那演奏用的大钢琴和前面的乌木座凳吸引，他跑到那里，紧张地看着这个高雅的乐器。在台下那批受过教养的观众不注意的时候，小男孩瞪眼看着眼前黑白颜色的琴键，把颤抖的小手指放在正确的位置，开始弹奏名叫《筷子》的曲子。

突然响起的曲子让观众的交谈声忽然停止下来，数百双表示不悦的眼睛一齐看过去。被激怒的观众开始叫嚷："把那男孩子弄走！""谁把他带进来的？""他母亲在哪里？""制止他！"

钢琴大师在后台听见前台的声音，立即知道发生了什么事。他赶忙抓起外衣，跑到台前，一言不发地站到男孩身后，用微笑安慰慌乱不安的男孩，然后伸出双手，即兴地弹出配合《筷子》的一些和谐音符。

两个人同时弹奏时，大师在男孩耳边低声说："继续弹，不要停止。继续弹……不要停止……不要停止。"男孩也笑了，他的十指灵活地在键盘上流动着，音符渐渐和谐起来，台下也安静下来了。

最后，台下爆发出了一阵热烈的掌声。

全力以赴塑造出崭新的形象

日本著名影星高仓健年轻时，生活过得很清贫。为了糊口，他不得不违背自己当初的理想，进入新艺电影制片厂当演员。他参加了《大学的石松》《万年太郎》等电影的演出，但他刚刚步入演艺界，对人物性格把握不准，导演也只让他演一

些小角色，比如常扮演一些风流小生。他的发挥也并不出色，有时甚至笨手笨脚，所以很长一段时间人们都不认识他。

高仓健曾和一位舞女拍摄电影时共事。那个姑娘因为工作劳累过度，突然全身冒着冷汗昏倒在地。当时，高仓健随着救护车将她送往医院，经诊断是贫血，必须住院治疗一段时间。实际上，那时高仓健的生活并不比这位舞女好多少，看到姑娘的样子，不由得想到了自己。如果自己病倒了，说不定还没有人送他去医院呢，想到这，他心里充满了惆怅。

第二天，谁也没有想到，那位姑娘又步履蹒跚地出现在摄影场地。看到她的到来，大家都埋怨她"不要命了"，很多同事劝她回去休息，因为她的脸色苍白得吓人，随时都有再倒下的危险。可是，姑娘微微地笑了笑，既有气无力又很坚定地说："不，我不能放弃！也许，这部作品能使我成为明星。"

舞女的话震撼了高仓健的心灵，使他产生了灵感。那灵感是长期苦苦求索之后，突然被激发出来的领悟。他的心中燃起了追求卓越的炽烈火焰和成功的渴望，并决心开发自己的潜能，全力以赴塑造出崭新的形象，做一名真正的优秀的演员。他坚信，只要像舞女那样永不放弃，迟早会成为日本家喻户晓的明星。

天道不负苦心人。不懈追求卓越的高仓健，终于迎来了电影生涯的转折点。

1957 年，高仓健遇到了两位艺术上的老师和伯乐，这两位造诣极深的老导演，一位是影片《非常线》的导演牧野雅裕，另一位是影片《森林和湖的祭奠》的导演内田吐梦。他们从当时似乎演技平平、不见起色的高仓健身上，发现了追求卓越的罕见个性、成功欲望和隐藏着的艺术才华。他们说："我从未见过有谁像高仓健这样追求卓越，有如此强烈的成功欲望和艺术潜能。"在两位老师那里，高仓健学到杰出演员所必备的表演才能。

1964 年，高仓健在著名导演黑泽明编写的影片《加哥万

感悟 ganwu

高仓健是日本杰出的男演员之一，被人们称为"唯一可以用背影"来演戏的演员，这说明了他演艺水平的高超。只有追求卓越的艺术家才会在银幕上留下不朽的形象。

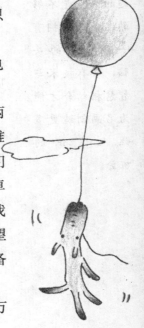

37

和铁》中成功地塑造了个性鲜明、充满激情的男子汉形象。为了拍好这个角色，他冒着零下20摄氏度的严寒，只穿一条短裤跳进北海道刺骨的海水中。高仓健凭借着追求卓越的强烈欲望和顽强意志，在银幕上塑造的男子汉形象，不仅征服了日本的影迷，而且征服了世界各国的影迷。

机遇可遇也可求

有一位才华横溢的年轻画家，早年在巴黎闯荡时一直默默无闻、一贫如洗，连一张画都卖不出去，因为巴黎画店的老板只寄卖名人的作品，年轻的画家根本没机会让自己的画进入画店出售。他也没有能力结识名流将他带入上流社会，然而他明白，自己的画是绝对可以和那些名人的画相媲美的。

这一天，一家知名画店来了一位年轻的顾客，看样子像是个有知识有见解的伯爵，他向老板热切地询问有没有那位年轻画家的画。画店老板拿不出来，最后只能遗憾地看着顾客满脸失望地离去。

在此后的一个多月里，不断有顾客来店里询问年轻画家的事情。画店的老板开始为自己的过失感到后悔，多么渴望再次见到那位原来如此"知名"的画家。

这时，年轻画家不失时机地出现在了心急如焚的画店老板面前，他成功地拍卖了自己的作品，并因此而一夜成名，巴黎很多有名的大画店都买了他的作品。

原来，当这位画家兜里只剩下十几枚银币时，他想出了一个聪明的方法：他雇佣了几个大学生，让他们每天去巴黎的大小画店四处转悠，每人在临走的时候都要询问画店的老板：有没有他的画？哪里可以买到他的画？

这个充满智慧的年轻画家便是伟大的现代派巨匠毕加索。

感悟
gǎnwù

一个画家要想成名，光有高超的画技是不够的，还必须拥有一颗智慧的头脑，只有技术与智慧相结合才能为名画创造更多让人赏识的机会。

自信是成功的基石

享有"影坛常青树"之誉的意大利女星索菲亚·罗兰风情万种，美艳动人，有"20世纪最美丽女人"之誉，与玛丽莲·梦露、奥黛丽·赫本、英格丽·褒曼、费雯丽等巨星齐名。然而在她刚刚出道的时候，人们却不是这样认为的。

1950年，索菲亚·罗兰的第一次试镜以失败告终，导演卡洛·庞蒂告诉她，她够不上美人标准，建议她把臀部削减一点儿，把鼻子缩短一点儿。

但是，当时年仅16岁的罗兰坚决拒绝了导演的要求："如果我的鼻子上有一个肿块，我会毫不犹豫把它除掉。但是，说我的鼻子太长，那是毫无道理的，因为我知道，鼻子是脸的主要部分，它使脸具有特点。我喜欢我的鼻子和脸本来的样子。"

"说实在的，我的脸确实与众不同，但是我为什么要长得跟别人一样呢？我要保持我的本色，我什么也不愿改变。我愿意保持我的本来面目！"

罗兰没有对导演的话言听计从，更没有因为别人的轻视而丧失自己的信心。所以，她得以在电影中充分展示出她与众不同的美，并以她独特的外貌和热情、开朗、奔放的气质受到人们由衷的喜爱，出演了《昨天 今天 明天》《意大利式结婚》《卡桑得拉大桥》等上百部影片，一跃而为世界著名影星，最终问鼎奥斯卡影后的宝座。

贼

有一位青年画家，在还没成名前，住在一间狭窄的小房子里，靠给人画像为生。一天，一个富人经过，看他的画工细致，

感悟
ganwu

青年画家凭借自己高超的绘画水平，有力地反击了富人的狂妄。关键时刻，只要运用得当，绘画也可成为有力的武器。

觉得很喜欢，便请他帮忙画一幅人像。双方约好酬劳是1万元。

一个星期后，人像完成了，这是画家接的第一份"大活"，他用比平时还要多的耐心完成这幅画。富人依约前来拿画，连富人自己都惊呆了，画家画的是那么逼真形象，简直可以用"呼之欲出"来形容了。这时富人心里起了歹念，欺他年轻又未成名，不肯按照原先的约定支付酬金。富人心想："画中的人像是我，这幅画如果我不买，那么绝没有人会买。我又何必花那么多钱来买呢？"

于是富人赖账，他说这幅画只值3000元，他只愿花3000元买这幅画。青年画家傻了，他从来没碰到过这种事，心里有点慌，费了许多唇舌，向富人据理力争，希望富人能遵守约定，做个有信用的人。"我只能花3000元买这幅画，你别再啰唆了。"富人认为自己占了上风，"最后我问你一句，3000元，卖不卖？"

青年画家知道富人故意赖账，心中愤愤不平，他以坚定的语气说："不卖。我宁可不卖这幅画，也不愿受你的侮辱。今天你失信毁约，将来一定要你付出20倍的代价。""笑话，20倍，是20万耶？我才不会笨得花20万元买这幅画。""那么，我们等着瞧好了。"青年画家对悻悻然离去的富人说。

经过这件事的刺激后，画家搬离了这个伤心地，重新拜师学艺，日夜苦练。皇天不负苦人心，10多年后，他终于闯出一片天地，在艺术界，成为一位知名的人物。他的画，也不会卖1万元那样的低价了。那个富人呢？自从离开画室后，第二天就把画家的画和赖账的事淡忘了。

当他知道要为他的行为付出代价的时候，已经是10多年以后的事了。

直到有一天，富人的几位朋友不约而同地来告诉他："好友，有一件事好奇怪！这些天我们去参观一位成名艺术家的画展，其中有一幅画不让价，画中的人物跟你长得一模一样，标价 20 万。好笑的是，这幅画的标题竟然是'贼'。"

好像被人当头打了一棍，富人想起了 10 多年前那幅画像的事。这件事对自己的伤害太大了，他立刻连夜赶去找画家，向他道歉，并且花了 20 万买回了那幅人像画。画家凭着一股不服输的志气，让富人低了头。

"傻瓜"与"绘画天才"

毕加索从小就很有艺术天赋，他会做惟妙惟肖的剪纸，还创作了许多惊人的绘画作品。左邻右舍都赞叹不已，称他为天才。

然而，这个"天才"却不是一个优秀的学生，上课对他来说简直就是折磨，听课时他不是漫无边际地幻想，就是看着窗外的大树和鸟儿。毕加索成了同学们提弄的对象，他们喜欢跑到他的课桌前逗他玩："毕加索，二加一等于几?"然后看着毕加索呆呆的样子哈哈大笑。

就连老师也经常在毕加索父母面前绘声绘色地描绘毕加索的"痴呆"，毕加索的母亲听了觉得无脸见人。几乎所有人都认为：毕加索是一个傻瓜。只有毕加索的父亲仍然坚定不移地相信：儿子虽然读书不行，但是绘画是有天赋的。他对儿子是发自内心的理解和赏识。他对儿子说："不会算术并不代表你一无是处，你依然是个绘画天才。"小毕加索看着父亲坚毅的面孔，找回了一些自信。果然，毕加索总是毫不费力就能绘出才华横溢的图画，也渐渐忘记自己在功课方面的"无能"。

作为"差"学生，在学校被关禁闭已成了毕加索的家常便饭，禁闭室里只有板凳和空空的墙壁，可是毕加索却很高兴。因为他可以带上一叠纸，在那里自由地绘画。有了父亲的支持，毕加索每天都沉浸在想象的天地里，虽然功课不好，但他却在绘画的天地里找到了快乐，最后成了世界著名绘画大师。

| 感 悟
| ganwu

虽然毕加索在功课方面没有潜力，但他的父亲发现了他在绘画方面的天赋，并全力支持他，最终他成了一代绘画大师。所以我们要好好珍惜自己的天赋。

跳舞的骆驼

感悟
ganwu

舞蹈是肢体语言的艺术，通过旋转与伸展，使我们感受到生命的律动，热爱舞蹈的人，只有不畏流言飞语才有可能到达艺术的顶峰。

一头年轻的骆驼决心成为一名芭蕾演员。

她说："要使每个动作高雅完美，这是我唯一的愿望。"

她一次又一次练习足尖旋转，反复用足尖支立身体，单腿站立，伸前臂，抬后脚，每天上百次地重复这五个基本姿势。在沙漠炎热的骄阳下，她一直练了好几个月，脚起了泡，浑身酸疼不已，但是她从来没有想过停下来不练。

终于，骆驼说："现在我是一名舞蹈演员了。"为此她举行了一个表演会，还请了一些朋友和舞蹈评论家来看她的演出。她很认真忘我地跳着，跳完以后，她给观众深深地鞠了个躬，微笑着等待大家的评论。

观众没有一个为她鼓掌，有的骆驼脸上还露出了讥讽的笑容。还有一头骆驼干脆说："我觉得您给芭蕾演员丢了脸。"

其中有一位发言说："作为一名评论家和这群伙伴的代言人，我必须坦率地对您说，您的动作笨拙难看，您的背部弯了，圆滚滚的凹凸不平，您跟我们一样，生来是骆驼，成不了芭蕾舞演员，将来也成不了。"

跳舞的骆驼脸上的笑容并没有因此而失去，出于礼貌，她没有说什么，但是内心想，"他们这样认为可就错了。我刻苦地进行训练，毫无疑问，我已经成为一名出色的芭蕾舞演员了。我跳舞只图自己快乐，所以我要坚持不懈地跳下去。"

她真的这样做了，这使她快乐了好些年。

鬼斧神工

春秋时期，鲁国有一位了不起的木匠叫庆。他有一手雕刻的绝活，雕刻出来的东西，惟妙惟肖，形象逼真，令人称奇。

他最擅长的是雕刻悬挂钟鼓的架子，该类作品更是巧夺天工、无与伦比，那华丽的外形，精巧的设计，绝妙的手法，简直非常人所能想象，而是像有鬼神为之助力做出来的。当地人都以能拥有庆的作品特别是能拥有庆雕刻出的悬挂钟鼓的架子为一种荣耀，一时间庆名声大振，声名远扬。

鲁国国君闻听此事，便派人让庆进献了一件雕刻的钟鼓架子，看了以后也暗暗称奇，心想这不可能是凡人所刻，一定是他借助于什么法术雕刻而成，便想探个究竟。于是他便派人把庆召来问："你到底用什么法术雕刻的？"庆平静地回答："回禀大王，我是个普通人，我不会什么法术。"大王又问："你不会法术，那你又如何雕刻出这种鼓架子呢？"庆回答说："我雕钟鼓架时，首先精力要集中，心里没有什么私心杂念，不指望借此获得功名、赏赐、封官晋爵，忘掉一切名利，真正达到一种忘我的境界，头脑中只有钟鼓架的形象，每一个细节、每一个木纹、每一个图案在脑海中都形成了深刻的印象。其次是选材，对于木材有特殊的要求，我顶酷暑、冒严寒在树林中观察研究树木的性质，以求找到最好的原料。最后根据头脑中设计想象好的形象进行加工。这样就避免了主观成见和一切矫揉造作，这也许就是您所怀疑的器物是借助于神鬼之力完成的缘故吧？"

· 拜马为师 ·

唐朝有个最善于画马的宫廷画家，名叫韩干。他画的马，形神兼备、栩栩如生。诗人杜甫称誉他"笔端有神"，可见其艺术造诣之高。这种"有神"之笔得于他对马的长期观察和体验的结果。

韩干出身于下层，有了画名后被唐玄宗宣召入宫。他画马从不急于下笔，而是总要对所画的马进行仔细的观察，认真地研究它所处的具体时间、位置、背景、角度等来确定马的形态、骨骼、毛色后再落笔。为此他还在唐朝的画坛上留下一个

"拜马为师"的故事呢。

据说唐玄宗特别喜欢马，他养的骏马足有几万匹，有专职官员给他饲养和管理。当时韩干在宫中当"供奉"，这是一个服务于宫廷内部的小官，因此不能随便与皇帝的御马打交道，但他总是设法去接触马、观察马，注意马的每一种形态，琢磨马的每一个动作。唐玄宗马厩内每一匹马的形象，几乎都印进了他的脑海中。

有一次韩干踩着如水的月光，携着纸张、笔砚，偷偷来到马厩旁写生，不一会儿就画了好几幅。正当他画得入神的时候，被管马的官员发现了，扣留了他的画稿把他赶了出来。

韩干偷画马的事，被禀告到玄宗那里，玄宗本想拿韩干治罪，可是当他看到画纸上生动逼真的马儿时，爱惜人才的玄宗改变了主意。于是他把韩干召来，开心地说："近日来你的画艺可是进步了不少啊！宫内有位名师叫陈闳，从今日起朕准你拜他为师，专门学画马。"韩干听后高兴地说："多谢万岁栽培，可是我要跟名师学习画艺，而不是学画马。因此，我愿意拜陛下马厩内的骏马为老师。"唐玄宗听了有些愕然，可转而一想韩干说的也在理。于是，便点头应允了。

自此，韩干便可随意进出于马厩，随时观察马儿，临场作画。他一连几年，不辞辛苦地刻苦学习，终于成为画马大师。

近代著名画家徐悲鸿先生也多次和别人谈起他画马的秘诀是"拜马为师"。

徐悲鸿擅长画马，很多人也都喜爱他画的马。为了画好马，他曾经研究过马的解剖，对马的整个造型以及马的驯良、坚毅、敏捷，以及驰骋时的矫健和休息时的安闲等性格特征，都了解得十分细腻，达到了"全马在胸"的境界。徐悲鸿不仅画马好，而且他对画马还有独到的见解。他曾说过这样一句话："画马必以马为师，细察其形态和动作，务扼其要，不尚琐细。"

徐悲鸿心中时刻记着这条真理并且将这条真理铺描到画纸上，使他成为现代著名的画马大师。

第2章
亲近文学，感悟生活

文学是抚慰心灵的绿草地。穿越时空与先贤圣哲进行对话，落寞的心灵便如一张有褶皱的白纸，被无形的纤手悄悄抚平。

文学是点燃生命激情的火把，它让人拥有一双审美的眼睛，让自然万物闪耀着诗意的灵光，又让人永葆一颗纯洁的童心，不让生命在滚滚红尘中麻木。

文学让平凡的日子如绿叶般葱茏，闪烁着露珠般的晶莹，于是一种深入肺腑的感悟在文学的熏陶下潜滋暗长。

名诗被误解

丁丁的爸爸丁东老师备课认真，讲课有方，教学质量一直处于全县上游，因而被评为县级"语文教学能手"。没想到，前几天在家里却被儿子将了一军。

那天，像往常一样，吃过晚饭丁老师就坐在台灯下备课了，妈妈在客厅里看电视，丁丁在写作业，后来他有一点不明白，就去问爸爸。爸爸一看，是儿子让他解释唐代诗人杜甫的名句"朱门酒肉臭，路有冻死骨"，这个自然难不住他，他自信地解说道：

"这首诗反映了唐玄宗天宝十四年严酷的社会现实。'朱门酒肉臭'一句，指的是当时豪门权贵家中，酒池肉林，多得腐烂发臭……"

没等爸爸讲完，丁丁就打断了爸爸的话："爸爸，你讲得不对！第一，酒是不会产生臭味的，只能越放越香，陈酒是最贵的；第二，即使肉能腐烂发臭，但请看清，诗人写的是'路有冻死骨'的寒冬季节，所以，一般肉是不会发臭的。我认真查过有关资料，1948年版的《辞海》上说'气通于鼻皆曰臭，无香秽之别'；再者，《易经》上有'其臭如兰'一句，是说兰花的香味是有鼻共享的；还有，明代诗人叶敬平某年正月访友时，曾在一首诗中写道'未进君家门，先闻酒肉臭'。可见，要想明确杜甫诗句的真正含意，必须先明确'臭'字的本意。根据我上面列举出的有关资料，我肯定地认为'酒肉臭'并非指酒肉发出臭气，而实际上是指酒肉发出的香味，所以杜甫这句诗的真正意思是：豪门权贵府中飘出酒肉的香气，而路途上冻饿而死的都是穷苦百姓。这样写实的手法是为了突出贫富之间的对比，只有这样解释，才不矛盾。"

丁丁旁征博引，侃侃而谈，使丁老师越听越觉得有道理，

连刚才还在看电视的妈妈都走了进来，听得入了迷。丁老师坦率地说："我讲课只依据参考资料，没能像你这样广采博览。你这次不仅给我纠正了知识上的错误，也使我深深感受到：不认真钻研课文，不多读课外书，不仅难以拓宽自己的知识面，而且会因此贻误同学。"说完，用手刮了丁丁的鼻子一下，"你小子，是故意刁难我吧。"丁丁赶忙说："我哪敢呀！只不过是想考考你。"一家三口都笑了。

　　的确，丁丁的解释是正确的。几百年来，不少读者甚至"专家"，都同"丁老师"的理解一样，这实际上是误解。

石块上的诗

　　在17世纪法国作家伏尔泰的小说《查第格》中，写了一个扣人心弦的故事。

　　故事说，主人公查第格，为人忠诚谦虚，而且颇有才华。

　　他在巴比伦近郊有所房子，陈设幽雅，凡是与上等人身份相称的各种艺术和娱乐，都搜罗齐备。白天，凡是学者都可以到他的藏书室去看书。晚上，凡是上等人都可以到他家去吃饭。他供应精美的晚餐，饭前先来个音乐会。饭桌上，他谈吐风雅，赢得了人们真正的敬重。

　　在他的屋子对面住着一个人，名叫阿利玛士，在交际场中颇不得意。尽管家里很有钱，却连马屁鬼都招集不来。他看到查第格家里每晚车马盈门，深为恼怒，总想寻机报复。

　　有一次，眼红了的阿利玛士在查第格的花园里找到半块石板，上有四个短句：

罪大恶极的暴行，

高踞着宝座，

为了大众的安宁，

这是唯一的敌人，

感悟 gǎnwù

　　诗是作家艺术智慧的结晶，是人类纯洁高尚心灵的表达，我们应小心呵护文学这块神圣的精神家园。但是生活中总是有阿利玛士之流利用文学满足一己私利，使忠诚变成了诽谤，赞颂变成了攻击，才华变成了叛逆。

阿利玛士一看，高兴极了，他认得这首诗，这明明是对国王的侮辱之词。他抓到这个把柄，连忙送给国王。不待分说，查第格及其家属、朋友一齐被囚禁下狱。正当查第格即将行刑时，国王的鹦鹉飞出回廊，飞往查第格家的园子，在蔷薇丛中停下。近边一株树上有只桃子被风吹落在灌木中间，粘在一块写字用的石板上。鹦鹉衔着桃子，连着石板，径直飞到国王膝上。国王觉得很奇怪，石板上的文字毫无意义，但是好像是诗句的结尾。正在沉思之际，王后叫人把先前的那半块石板凑合起来。这样，查第格的原诗就全部看出来了：

> 罪大恶极的暴行，搅乱了朗朗乾坤；
>
> 高踞着宝座，圣主镇压了所有的邪魔。
>
> 为了大众的安宁，为了爱民而出征；
>
> 这是唯一的敌人，值得叛徒胆战心惊。

国王当即召见查第格，问他是怎么回事，原来两块石板合在一起才是一首完整的诗，查第格写好后，有人要看，他觉得写得不好，不好意思让别人看到，就把石板摔成两段，丢到了花园里，结果被阿利玛士捡到了。真相大白，国王下令将他的朋友和家属释放出狱。诬告者阿利玛士当然受到了应得的惩罚。

酸果与甜果

克雷洛夫是俄国的著名寓言家，也是俄国文学史上第一个有心为知识分子和普通老百姓写作的杰出寓言作家。他的著作《伊凡·克雷洛夫寓言集》，反映出俄罗斯人民的冷静和智慧，包含着各种生活知识和世代相传的生活经验。

他不仅寓言写得生动感人、富有哲理，就是平时言谈也风趣、幽默，给人以生活的启迪。

据说有一天，有个青年果农向克雷洛夫兜售果子："先生，请买个果子吧！这果子有点酸，因为我第一次学种果。"

克雷洛夫本无意买，可听了这位年轻人直白的表述，被感动了。"你可真是个诚实的人！"他赞许地说，"就买几个吧！不过，小伙子，别灰心，以后你会收获甜果的。因为我的第一个'果子'也是酸的。"

"先生，你也种过果树？"这个年轻人惊奇地问。

"种过，这'果子'叫《用咖啡占卜的女人》，本想送上舞台的，可是没有一个剧院愿意上演，至今仍搁在我的抽屉里。"克雷洛夫幽默地朝年轻人笑笑。说完，他拍了拍年轻人的肩膀，"现在我种的都是甜'果子'了，我相信，只要精心培育，你也会收获甜果子的。"

绝妙书信吐怨情

汉代蜀中才子司马相如，第二次上长安后，被拜为中郎将，高官厚禄享之不尽，身边美女如云，便自感身价百倍，觉得当初和自己私奔出来的妻子卓文君配不上自己了，顿起休妻之念。于是好几年都不曾写书信给在家苦苦等候他的妻子。

这一天，卓文君正在窗边暗自流泪，想着从前和自己情笃意深的丈夫，忽然京城来了一位官差，交给她一封信，并告诉她大人立等回信。卓文君又惊又喜，拆信一看，却如当头棒打。只见一张大白纸寥寥写着几个数字："一二三四五六七八九十百千万。"卓文君当即就明白，当了高官的丈夫已有了嫌弃自己之意，这是变着戏法来刁难她。在当时，她也算得上一位才女，她一时悲愤交加，写了回信交给了官差。

司马相如以为这次一定能难倒卓文君，不想回信竟如此神速，赶忙拆开一看，傻眼了。原来卓文君很巧妙地将信上的数字先顺后倒地联成了一首既情意缠绵又正气浩然的血泪诗：

"一别之后，二地相悬。只说三四月，谁知五六年。七弦琴无心弹，八行书无处传。九连环从中挫断，十里长亭望眼欲

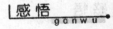

穿。百思想，千系念，万般无奈把郎怨。"

"万语千言说不尽，百无聊赖十依栏。重九登高看孤雁，八月中秋月圆人不圆。七月半烧香秉烛问苍天，六月伏天人人摇扇我心寒。五月石榴如火偏遇阵阵冷雨浇花端，四月枇杷未黄我欲对镜心已乱。急切切，三月桃花随水转；飘零零，二月风筝线儿断。郎啊郎，巴不得下一世你作女来我作男！"

司马相如读罢妻子的回信，惊叹她出众的才华，顿绝休妻之念。

妙断漏字诗

清朝末年，慈禧太后大权在握，除实行对内镇压人民的反抗和对外妥协投降的劣政外，还尽情享乐，故作高雅，有事没事就拿出唐诗宋词来看上一会儿。

有一次，她从杭州府送来的贡品中见到一把精致的丝绸扇，便命人找一位书法家为她题写扇面。这位书法家深知"伴君如伴虎"，于是怀着紧张的心情，运笔题书了唐代诗人王之涣的诗："黄河远上白云间，一片孤城万仞山。羌笛何须怨杨柳，春风不度玉门关。"

哪知由于心情紧张，竟把诗中的一个"间"字漏掉了。慈禧对这首诗还是熟知的，发现漏写了一个字，以为是欺她没学识，便立时大怒，喝令左右将这位书法家推出去斩首。人急智生，书法家忙跪倒在地说："老佛爷莫要动怒，我这是由诗改词，借王之涣的诗意填的词，也算是一点翻新，供老佛爷玩味得趣。"慈禧一听来了劲，我倒要看看你有什么花样，也免得人家说我不懂风雅，就说："好，那你讲讲吧。"这位书法家当场断句："黄河远上，白云一片，孤城万仞山，羌笛何须怨？杨柳春风不度玉门关。"读得顺情合理，慈禧太后听了由怒转喜，并令人赐酒给书法家压惊。

感悟
ganwu

诗和词本是中国古典文学中两种不同的文学体裁，书法家通过不同的断句方式，将王之涣的诗变成了一首意境同样优美的词。紧张之余我们不禁要赞叹文学的奇妙了。

《战争与和平》的创作经过

　　19世纪50年代末和60年代初的俄国，正处于一个十分动荡的时期。国家的前途和命运如何，成了当时知识界普遍关心的问题。这个问题也引起了著名作家托尔斯泰的关心和注意，他想写一部长篇历史小说来回答这个问题。

　　1863年夏天，托尔斯泰开始构思这部长篇小说，叙述1856年从西伯利亚到俄罗斯西部的一个十二月党人的故事。

　　积累原始材料的过程是重要的，托尔斯泰深知这一点，在写作过程中，托尔斯泰经常不断地做笔记。在莫斯科，在亚斯纳亚·勃良纳，在基辅公路上散步，和客人围坐喝茶，找到一些老学者，虚心地向他们请教——无论在什么地方，他都用锐利的、好奇的眼光注视着一切，为他的长篇小说写下一些零散的笔记，积累一些原始材料。

　　有一次，他的新婚妻子忍不住问他在记什么，他说是在记你们，妻子又问：我们有什么可记的，这次，托尔斯泰摇摇头不说话了。其实他已经把他周围生活中的人记在了笔记上，准备为他的长篇小说作铺垫。

　　还有一次，他对妻子开玩笑地说："你以为你在这儿是白住的吗？我把你的行为都记下来了。"

　　确实是这样，托尔斯泰在妻子塔吉雅娜·别尔斯身上找到了《战争与和平》的女主人公娜塔莎·罗斯托娃的原型——自然而爽直、富有乐观精神的俄罗斯妇女的典型。他还从他的先人和亲属中寻找作品中的人物：如书中的伊里亚·安德烈耶维奇·罗斯托夫伯爵的原型是作者的祖父；彼拉格雅·尼古拉耶夫娜·罗斯托娃的原型是作者的祖母；尼古拉·罗斯托夫的原型是作者的父亲；玛丽雅公爵小姐的原型是他的母亲；老公爵尼·安·鲍尔康斯基的原型是他的外祖父；安德烈·鲍尔康斯基公爵的性格，很像作者的哥哥谢尔盖·尼古拉耶维奇。

不过，托尔斯泰从来不描绘丝毫不改变的肖像。有一个朋友问他："鲍尔康斯基公爵的原型是谁？"他在信中回答："如果我的全部创作都在于依样画葫芦……我是没有颜面发表出来的。"有一次谈论他的人物姓氏时，他说道："假如直接根据一个真人来描写，结果就根本成不了典型。而我需要做的恰恰是从一个人物身上撷取他的主要特点，再加上我所观察过的其他人的特点，这才是典型的东西。"

在描写战争的时候，作者结合他曾参加过战争的感受，极力想从"流血、苦难、死亡"中表现真正的战争，而不加任何掩饰。

小说《战争与和平》就这样诞生了，一出版就受到各界读者的喜爱，成为世界文学史上一部雄伟壮丽的史诗巨著。

秋 菊 落 英

宋仁宗时，22岁的苏轼中了进士，以诗、词、文章闻名于世。宋神宗时任宰相的大文学家王安石，对他的天资聪颖、才气横溢也十分赞赏。苏轼少年气盛，又自恃聪明，因而就难免要闹点小乱子出来，苏轼常常用挑剔的眼光看王安石的作品。

有一年秋天，苏轼从湖州任满回京，到丞相府去拜望王安石。正巧主人不在，他只好被管家带到书房用茶。苏轼边喝茶，边欣赏书房里的字画摆设，他在书房等了许久，仍未见王安石回来。这时，他忽然发现书案上用砚匣压了一张写了字的素笺，便取出来看，原来是王安石的《残菊》诗，只写了开头两句，墨迹尚未全干。苏轼边看边念：

黄昏风雨打园林，
残菊飘零满地金。

苏轼念完之后，暗自想道："王荆公这首诗太不真实了，菊花其性属火，深秋开放，最耐严寒。它与春天开花的桃、李不同，只会在枝上枯萎，决不会被西风吹落，更不会花落满地，一片金黄。诗中说'残菊飘零满地金'，岂不是太不切合实际了吗？"想到这里，苏轼诗兴勃发，技痒难熬，就提笔在王安石诗的后面续了两句：

> 秋英不比春花落，
> 为报诗人仔细吟。

续完后，苏轼又等了许久，仍不见王安石回来，便离开了王府。一会儿，王安石回来了，见诗无端被人续上了两句，而且和他的意思完全相反，不禁很生气。一问家童，原来是苏轼来过，就对苏轼有了厌烦之心，心想，你小毛孩子知道什么呀就瞎说。后来，他和苏轼因为政治上意见达不到统一，就找了个机会，把苏轼贬到了黄州，也就是今湖北省黄冈市，让他去做团练副使（执掌地方军事的助理官）。苏轼大量的诗就是在这里写的。这年重九佳节，好友陈季常来看苏轼，苏轼十分高兴，便邀陈季常同往后园赏菊。

他们来到后园，但见秋菊盛开，景象万千。苏轼触景生情，便与陈季常谈起王安石的《残菊》诗："王荆公说'残菊飘零满地金'，这菊花不比春花，只会在枝头枯萎，哪会落瓣呢？"

谁知陈季常却说："王荆公的诗有道理，黄州的菊花就是要落瓣的。"

苏轼不信："我可没有见过落地的菊花！"

话刚说完，突然刮来一阵大风，盛开的菊花纷纷落地，霎时，满园都是飘落的菊瓣，一片金黄。苏轼看得目瞪口呆，方才明白"残菊飘零满地金"确是事实；自己学识不广，批评王安石是批评错了。从此以后，他就注意仔细观察生活，对自己未弄清楚的事情，决不随便写入诗中。

巧断标点

从前，有一位博学聪明的私塾先生，姓陈。一次，一个出了名吝啬的财主想为儿子请先生，他在布告中这样写道："本人欲请一位教书先生，但伙食简单，酬金微薄，不知谁愿否？"

许多先生看了看，都摇摇头走了，只有这位陈先生却笑着点点头，应聘去了。别人都劝说他："这么吝啬的财主你去了不是白去吗？他不会给你钱的。"陈先生说："没关系，我自有办法。"

财主见有人自愿"上钩"，喜不自禁。在谈到具体的待遇时，狡猾的财主担心陈先生变卦，便假惺惺地说道："为了不引起日后不必要的麻烦，我觉得先生最好还是立下文约，亲手画押为好。"

陈先生毫不犹豫地答应了，当即立下字据："无米面亦可无鸡鸭亦可无鱼肉亦可无银钱亦可。"

这张字据可把财主乐开了怀，他心想：吃饭无米面、无鸡鸭、无鱼肉都可以，而且没有学费也可以，真是天底下最大的便宜呀！于是马上就和先生各自在字据上按了指印，笑眯眯地离开了。

半个月过去了，陈先生的饭桌上餐餐只有杂粮、小菜，实在难以下咽，他便把财主叫来。一见面，财主似乎就明白他要说什么，还没等陈先生开口，他就笑呵呵地说道："瞧，这协议书上可有您的手印！"

陈先生一听，马上装出一副吃惊的样子，然后泰然而严肃地说："哦，给我看看。"

财主傲慢地递过文约，只见陈先生看了看，一字一顿地说道："你听好了——'无米，面亦可；无鸡，鸭亦可；无鱼，肉亦可。'"

这一番话可把财主听得目瞪口呆，他忙睁大眼睛去看上面的字，对呀，一字未改呢！财主气得发狂，但又无可奈何，只好自认倒霉，加了几道荤菜。但仍然暗自庆幸，认为吃饭虽然讲究了些，要是不用付学费也是不错的。

不料年底陈先生竟找财主来算账了，他张口便向财主要学费。

财主哪里肯给，二人争执不下，便带上字据对簿公堂。

县官问清事情来由后，便让先生拿出字据念了一遍。

当陈先生念完最后一句，只听县官把惊堂木重重一拍，对财主喝道："你这刁民，字据立得清清楚楚，你竟敢抵赖，还不快快将学费付给这位先生！"

财主一听，当场就蔫了。

原来陈先生是这样念的："无米，面亦可；无鸡，鸭亦可；无鱼，肉亦可；无银，钱亦可。"

我只有一部作品

有一位女作家被邀请参加笔会，她衣着简朴，沉默寡言，态度谦虚，坐在她身边的是一位匈牙利的年轻男作家。

或许是女作家平时很少露面的缘故，男作家不知道她是谁，认为她只是一位不入流的作家而已。

于是，他有了一种居高临下的心态。

"请问小姐，你是专业作家吗？"他自负地说。

女作家似乎没有听出男作家的弦外之音，依然平静地说："是的，先生。"

"那么，你有什么大作发表呢？是否能让我拜读一两部？"

"我只是写写小说而已，谈不上什么大作。"

男作家更加证明了自己的判断。

他说："你也是写小说的，那么我们算是同行了，我已经出版了 339 部小说了，请问你出版了几部？"

"我只写了一部。"

男作家有些鄙夷，问："噢，你只写了一部小说。那能否告诉我这部小说叫什么名字？"

"《飘》。"女作家平静地说。

那位狂妄的男作家顿时目瞪口呆。

女作家的名字叫玛格丽特·米切尔，她一生只写了一部小说。现在，我们都知道她的名字。而那位自称出版了 339 部小说的作家的名字，已经无从查考了。

一个年轻的诗歌爱好者

最近，文学家爱默生觉得有点不安，事情起源于几个月前。那天，一位来自马萨诸塞州的乡下小伙子登门拜访年事已高的爱默生。小伙子自称是一个诗歌爱好者，从七岁起就开始进行诗歌创作，但由于地处偏僻，一直得不到名师的指点，因仰慕爱默生的大名，故千里迢迢前来寻求文学上的指导。

这位青年诗人虽然出身贫寒，但谈吐优雅，气度不凡。老少两位诗人谈得非常融洽，爱默生对他非常欣赏。

临走时，青年诗人留下了薄薄的几页诗稿。

爱默生读了这几页诗稿后，认定这位乡下小伙子在文学上将会前途无量，决定凭借自己在文学界的影响大力提携他。

爱默生将那些诗稿推荐给文学刊物发表，但反响不大。他希望这位青年诗人继续将自己的作品寄给他。于是，老少两位诗人开始了频繁的书信来往。

青年诗人的信一写就长达几页，大谈特谈文学问题，激情洋溢，才思敏捷，表明他的确是个天才诗人。爱默生对他的才华大为赞赏，在与友人的交谈中经常提起这位诗人。青年诗人很快就在文坛有了一点儿小小的名气。

但是，这位青年诗人以后再也没有给爱默生寄诗稿来，信却越写越长，奇思异想层出不穷，言语中开始以著名诗人自居，语气越来越傲慢。

正是青年人的这种自大让爱默生有了一种危机感，他开始感到了不安。凭着对人性的深刻洞察，他发现这位年轻人身上出现了一种危险的倾向。

通信一直在继续。爱默生的态度逐渐变得冷淡，成了一个倾听者。

很快，秋天到了。

爱默生去信邀请这位青年诗人前来参加一个文学聚会。他如期而至。

在这位老作家的书房里，两人有一番对话：

"后来为什么不给我寄稿子了？"

"我在写一部长篇史诗。"

"你的抒情诗写得很出色，为什么要中断呢？"

"要成为一个大诗人就必须写长篇史诗，小打小闹是毫无意义的。"

"你认为你以前的那些作品都是小打小闹吗？"

"是的，我是个大诗人，我必须写大作品。"

"也许你是对的。你是个很有才华的人，我希望能尽早读到你的大作品。"

"谢谢，我已经完成了一部，很快就会公之于世。"

文学聚会上，这位被爱默生所欣赏的青年诗人大出风头。他逢人便谈他的伟大作品，表现得才华横溢，咄咄逼人。虽然谁也没有拜读过他的大作品，即便是他那几首由爱默生推荐发表的小诗也很少有人拜读过，但几乎每个人都认为这位年轻人必将成大器，否则，大作家爱默生能如此欣赏他吗？

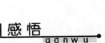

感悟
ganwu

在世界上行走，我们不仅仅需要一对幻想的翅膀，更需要一双踏踏实实的脚！过分的傲慢和自大只能使创作的源泉日益干涸。诗是浪漫的，但也不是空中楼阁，同样需要努力和创造。

转眼间，冬天到了。

青年诗人继续给爱默生写信，但从不提起他的大作品。信越写越短，语气也越来越沮丧，直到有一天，他终于在信中承认，长时间以来他什么都没写。以前所谓的作品根本就是子虚乌有之事，完全是他的空想。

他在信中写道：

很久以来我就渴望成为一个大作家，周围所有的人都认为我是个有才华、有前途的人，我自己也这么认为。我曾经写过一些诗，并有幸获得了您的赞赏，我深感荣幸。

使我深感苦恼的是，自此以后，我再也写不出任何东西了。不知为什么，每当面对稿纸时，我的脑中便一片空白。我认为自己是个大诗人，必须写出大作品。在想象中，我感觉自己和历史上的大诗人是并驾齐驱的，包括和尊贵的阁下您。

在现实中，我对自己深感鄙弃，因为我浪费了自己的才华，再也写不出作品了。而在想象中，我是个大诗人，我已经写出了传世之作，已经登上了诗歌的王位。

尊贵的阁下，请您原谅我这狂妄无知的乡下小子……

从此以后，爱默生再也没有收到过这位青年诗人的来信。

穷秀才妙对夺魁

相传，有个穷秀才颇有些才学，但因科举场上徇私舞弊之风盛行，使他屡试不第。这一年，听说主考官廉洁奉公、任人唯贤，他便打点行装，赴京赶考。

可是，由于路途遥远，纵然秀才历尽了千辛万苦，待他赶到京城时，考试已经结束了。秀才好说歹说，终于感动主考大人，准他补考。

主考出的题目，是用从一至十这 10 个数字作一上联。秀才听后，暗想：我何不把一路的颠簸和误考的原因说上一说，也好求得主考大人的谅解，于是开口说道：

"一叶孤舟，坐了二三个骚客，启用四桨五帆，经过六滩七湾，历尽八颠九簸，可叹十分来迟。"

主考一听，心中称奇，此生才学确实不浅！接着，他又要求秀才从十至一作一下联。秀才想，正好借此机会把这些年读书、应考的苦衷表一表，便朗口应道：

"十年寒窗，进了九八家书院，抛却七情六欲，苦读五经四书，考了三番二次，今天一定要中。"

主考听罢，连连称妙。就这样，这一年的状元就被这位补考的对联高手夺去了。

感 悟
ganwu

秀才的对子可谓精妙无比，展示了他卓越的才华。我们要想具有不凡的见识和极高的文学修养，平时就要注重知识的积累，勤学苦练。

厄运打不垮的信念

明朝末年时，史学家谈迁经过 20 多年呕心沥血的写作，终于完成明朝编年史——《国榷》。这是一部记录明代史实的编年体史书，材料有相当的可靠性和参考价值。

面对这部可以流传千古的巨著，谈迁心中的喜悦可想而知。20 年来的付出总算有了结果。然而，他没有高兴多久，就发生了一件意想不到的事情。

一天夜里，小偷进他家偷东西，见到家徒四壁，无物可偷，很是生气，我们常说，贼不走空，既然来了，总要带点什么走吧。这时，他发现了一只竹箱子，箱子上还加了一把大锁。小偷暗喜，终于还是让我找到了。他以为锁在竹箱里的《国榷》原稿是值钱的财物，就把整个竹箱偷走了。我们现在谁也不知道当他看到偷来的竟然是一堆书稿时，会有多么失望。从此，这些珍贵的稿子就下落不明。

20 多年的心血转眼之间化为乌有，这样的事情对任何人

来说，都是致命的打击。对年过60、两鬓已开始花白的谈迁来说，更是一个无情的重创。可是谈迁很快从痛苦中崛起，下定决心再次从头撰写这部史书。

　　谈迁继续奋斗10年后，又一部《国榷》重新诞生了。新写的《国榷》共104卷，500万字，内容比原先的那部更翔实精彩。谈迁也因此留名青史、永垂不朽。

　　英国史学家卡莱尔也遭遇了类似谈迁的厄运。

　　卡莱尔经过多年的艰辛耕耘，终于完成了《法国大革命史》的全部文稿。他将这本巨著的底稿全部托付给自己最信赖的朋友米尔，请米尔提出宝贵的意见，以求文稿的进一步完善。

　　隔了几天，米尔脸色苍白、上气不接下气地跑来，万般无奈地向卡莱尔说出一个悲惨的消息：《法国大革命史》的底稿除了少数几张散页外，已经全被他家里的女佣当做废纸，丢进火炉里烧为灰烬了。

　　卡莱尔在这突如其来的打击面前异常沮丧，他好几天都没有精神。当初他每写完一章，就随后把原来的笔记、草稿撕得粉碎。他呕心沥血撰写的这部《法国大革命史》，竟没有留下任何记录。

　　但是，卡莱尔还是重新振作了起来。他平静地说："这一切就像我把笔记簿拿给小学老师批改时，老师对我说：'不行！孩子，你一定要写得更好些！'"

　　他又买了一大沓纸，从头开始了又一次呕心沥血的写作。我们现在读到的《法国大革命史》便是卡莱尔第二次写作的成果。

福尔摩斯的原型

　　20世纪初的一天夜晚，十几个客人周末在苏格兰打猎后，围着餐桌坐下，讨论一些未破获的著名案件。其中一位客人约

瑟·贝尔医生畅谈他的演绎侦探术，非常专业。这位著名外科医生的神奇推论，影响了作家柯南·道尔、罗勃·路易·斯蒂文生与戏剧家詹姆斯·巴里。

福尔摩斯的演绎与分析法则都是贝尔医生在实际生活中常常讲起的。"我一向教学生注意观人于微的重要性，琐碎事物里所含的意义无穷。"贝尔医生有一次对一位新闻记者说："无论做哪一种手工艺，几乎都会在手上留下记号。矿工手上的疤痕和石匠的不同，木匠手上的胼胝和泥水匠的又不一样。军人的走路姿态和水手有分别。特别是妇女，善于观察的医生往往可以准确地猜出她身体哪一部分有病。"

"一般人都会看，却不会观察，"他说，"其实只要一瞥，就可以从一个人的脸上看出他的国籍，从手上看出他的行业；其余一切，也可以从他的步伐、举止、表链装饰物以及粘在衣服上的线头看出来。"

"一位病人走进屋里来，我正在那里教几个医科学生。我说：'这位先生在苏格兰高地部队当过兵，大概是一个军乐队队员。'我指出他走路大摇大摆的样子，像是苏格兰高地部队的风笛手；他身材矮小，如果当过兵，大概是做军乐队队员。可是他坚持说自己是鞋匠，从未入伍。"

"我请他脱下衬衫，看到他皮肤上烙有一个蓝色的小小的'D'字。在克里米亚战争时，逃兵照例都烙上这个标记。他终于承认在高地部队当过军乐队队员，简单得很。"

有一个人听了说："贝尔医生几乎可以做福尔摩斯。"贝尔医生立即叫道："亲爱的先生，我就是福尔摩斯。"

柯南·道尔在自传里承认，的确是从贝尔医生那里得到灵感，写出小说中那位不朽的大侦探。

道尔曾在自传里提到过贝尔医生观察入微的另外一个例子。这位医生默默地对一位病人看了一会儿，说道："你从前在陆军服役，隶属苏格兰高地部队，不久前才退役。"

感 悟 *ganwu*

离开了生活，文学就成了无源之水，无本之木。大凡伟大的作家，都是生活的积极参与者和观察者。

"是的。"

"是士官，驻扎在巴贝多斯?"

贝尔医生转过头来对他的学生说："你们看出了吧，他是位有礼貌的人，但并不脱帽。陆军是不脱帽的，如果退役已久，应该已经学会了平民的习惯。他气概威严，又显然是苏格兰人。至于巴贝多斯，他患的是象皮病，这就证明他驻在西印度群岛。"若干年后，道尔对这件事记忆犹新，曾在福尔摩斯侦探小说《希腊译员》里作过详尽的复述。

学人走路的青蛙

感悟
gǎnwù

寓言故事是华夏文化的一枝奇葩，其多用来借物喻人，同时又告诉我们一个深刻的道理：文学不仅仅是单纯的模仿，在写作时，我们要把握自己的独特的写法，人云亦云就有可能失败。

有一只青蛙住在一条宽阔的河里，这里的水清澈甜美，荷花娇美多姿，荷叶碧盘滚珠，大人小孩都喜欢在这里玩。老师在布置作文之前带学生来观察，画家会在河边苦苦思索，静静观看，等待那一触即发的灵感。青蛙在这样的环境里变得聪明了。它想像人类一样生活，至少可以用两条腿走路。可不是吗？天天要四条腿用力，一蹦一跳的，看那些人，两腿直立行走，又高贵又潇洒。

"我能像人那样走路该有多幸福啊!"青蛙坐在井边忧郁得像个王子。

青蛙于是不停地到河边寺庙中去拜佛许愿，盼望有朝一日能像人一样走路。年复一年，青蛙的诚意终于打动了神灵，青蛙的愿望实现了。

青蛙骄傲地站了起来，迈开两条长腿（原先的后腿），大步流星走了起来，它想首先体验走到河里游泳的感觉——以前，有很多充满活力的年轻人就是这样潇洒地走到河里去，快活地游泳的。可是它却离河边越来越远，怎么也走不回水边去，也无法再捕捉到食物，又饥又渴的青蛙最后可怜地死掉了。

原来，青蛙站起来走路后，它的眼睛只能望见后面。想想看，腿往前走，眼却往后看，这样的怪物自然无法生存。

"明月"与"黄犬"

王安石是宋代著名的诗人、文学家、政治家。然而，关于这位名人也曾闹出一段笑话呢。

当时一位南方诗人写了两句诗："明月当空叫，黄犬卧花心。"王安石看后，哈哈一笑，心想："这是什么诗呢？明月怎么会叫，黄犬也不可能睡卧花心，作者简直是异想天开了。"于是稍加思索，提笔将诗改为"明月当空照，黄犬卧花荫"。然后自己又轻轻朗读了一遍，并且认为自己改得天衣无缝。这时，老家南方的仆人过来忙说："老爷，错啦！错啦！"王安石一听问道："何错之有？""老爷，这明月不是天上的明月，而是我们家乡的一种鸟儿，这黄犬也不是在家看门会咬人的狗，而是一种到晚上就飞落在花心里的昆虫，这'明月当空叫，黄犬卧花心'没错。"王安石一听深感惭愧，也深深为自己平时知识积累欠缺而深感遗憾。

两个作家的"笑话"

有一次，巴尔扎克和司汤达在巴黎的街上相遇了。两位作家寒暄一通后，话题集中到了观察和体验生活上。

巴尔扎克笑着说："我喜欢跟在别人后面，听他们说家常，就因为这，还闹过一个笑话呢！"司汤达惊奇地问道："什么笑话呀？"巴尔扎克兴致勃勃地说道：

"有一天夜里，我在巴黎巴耐区的街头散步。11点钟的时候，从戏院里走出一对工人模样的中年夫妇，还领着两个孩子。于是，我就习惯性地跟了上去，在他们后面看着听着。这

感悟
ganwu

本篇中提及的两个大作家的故事看似是滑稽剧，其实一点也不滑稽。对于作家们来说，观察、体验生活是最主要的，对我们来说，又何尝不是这样呢？

对夫妇先是谈论今天晚上演的戏，都说演得挺不错，尤其是里面那个小丑，太逗了，如果下星期六还演这戏的话，一定要再买票看一遍。谈到买票，话题转到了钱上。女人叹着气说，这几天土豆又涨价了，今后顿顿有土豆吃是不可能的了；又说欠面包房的钱该付了，因为面包房的老板今早来讨债了，并且说了很难听的话，让人受不了；最后又埋怨天气，说今年冬天真长，老是下雪刮风，日子实在难熬……说着说着，两口子好像吵了起来。女的骂丈夫不顾家，不该老是往酒馆里跑；男的说妻子不体谅他，身边零钱恨不得给他掏光。我入迷地跟着听着，浑然不觉地来到他家门口。直到他们停下谈论，掏出钥匙开门的时候，我才醒悟过来。"

此时的司汤达笑得上气不接下气："这个笑话蛮有味道，只是我不明白你为什么老是喜欢跟踪行人呀？"

巴尔扎克回答道："我认为这是一种贴近世人的身体与灵魂的方法。采用这种方法，就能走进他们的生活。他们的愿望，他们的需要，他们的灵魂，不知不觉地就被我摄取到笔下了。"

巴尔扎克讲完后，司汤达也不由得讲起自己生活中的一件趣事：

"有一回，我独自一人外出游行。在旅途中，有人问我是干什么的，我随意答道'观察人心的'。问的人听了吓了一跳，以为我是警察局的密探，马上躲得远远的。其实，我回答的是一句心里话，我首先要观察社会、观察人生，然后才能进行创作。"

5件事500多字

古代大臣向皇帝奏疏言事，极尽粉饰之能事，四六文体，动辄洋洋万言，而要奏明的事情反成了细枝末节。对于这种夸

夸其谈，顾左右而言他的人，文化水平不高的朱元璋曾大动肝火。

洪武九年的一天，朱元璋听中书郎王敏念奏折。其中有一份是刑部主事茹太素的奏章。他是明朝的开国大臣之一，很受朱元璋的赏识。可是这次朱元璋在听到茹太素的奏折时，不禁龙颜大怒。原来王敏念了6370多个字，还没有到正题上，让人听不出个所以然来，朱元璋是一国之君，哪有时间在这里听大臣的长篇大论？

朱元璋也是个暴脾气，忍无可忍了，让侍卫将这位大臣拎过来，一气打了几十棍子，然后再耐着性子往下听。听到16500字时，这才到了主题。其中所言5事，有4件可取。于是，朱元璋又下旨嘉奖。而这5件事只用了500多字，不到全部篇幅的3%。

朱元璋对这种文字游戏似的奏折很反感，它不仅消耗时间和精力，还耽误公事。但是，当时大部分的奏折都是这样废话连篇，总不能把每个上奏折的大臣都拖出去暴打一顿吧，毕竟那样会限制言论。因此，朱元璋就立出一个章程，提出公文格式。依照这种格式非常简略、实际。不再动辄就上三代、论孔孟、言汤武，而是直奔主题，短短几百字就可以说明问题。

清朝统治者对明末的苛政尽行废除，但对朱元璋设立的这一制度却奉为圭臬。清初大量启用明朝降臣，目的就是使该制度能延顺下去。

感悟 gǎnwù

形式是为内容服务的，反之则为舍本逐末，于事无补，于人无益，会浪费不必要的时间，写作有时是需要删繁就简的。

两位作家的评价

事情是这样的：一名中文系的学生苦心撰写了一篇小说，很谦虚地请一位有名的作家批评。因为作家正患眼疾，学生便将作品读给作家听。在此过程中，作家听得很认真，还不住地点头，学生很高兴，读完最后一个字，学生停了下来。作家

65

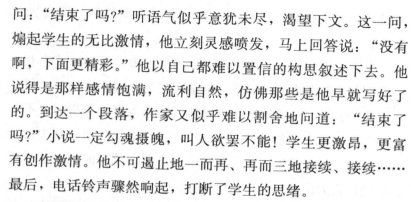

感悟
ganwu

"仁者见仁,智者见智。"对于同一部文学作品的两种认定方式,各有千秋。小说的魅力在于通过不同的故事情节及结局展现不同的艺术感染力,"文无定法"也就是这个意思。

问:"结束了吗?"听语气似乎意犹未尽,渴望下文。这一问,煽起学生的无比激情,他立刻灵感喷发,马上回答说:"没有啊,下面更精彩。"他以自己都难以置信的构思叙述下去。他说得是那样感情饱满,流利自然,仿佛那些是他早就写好了的。到达一个段落,作家又似乎难以割舍地问道:"结束了吗?"小说一定勾魂摄魄,叫人欲罢不能!学生更激昂,更富有创作激情。他不可遏止地一而再、再而三地接续、接续……最后,电话铃声骤然响起,打断了学生的思绪。

电话是找作家的,有急事。作家匆匆准备出门。"那么,没读完的小说呢?"学生问。作家莞尔一笑地说:"其实你的小说早该收笔,在我第一次询问你是否结束的时候,就应该结束。何必画蛇添足、狗尾续貂?该止则止,看来,你还没能把握情节脉络,尤其是缺少决断。"

决断是当作家的根本,否则,拖泥带水,如何打动读者?学生追悔莫及,自认性格过于受外界左右,作品难以把握,恐不是当作家的料。从此他不再热衷于写作,虽然他还是参加一些文学活动,可当初的激情却消失了。

很久以后,这名年轻人遇到另一位作家,羞愧地谈及往事,谁知作家惊呼道:"你的反应如此迅捷,思维如此敏锐,编造故事的能力如此强盛,这些正是成为作家的天赋呀!假如正确运用,作品一定脱颖而出。"

当止不止不好,但想象丰富也非常重要。两位作家,两种认定方式,各有千秋。就像倒着走路的小恐龙,有一天也派上了用场,倒着走的脚印会麻痹敌人。转过身来,谁都有大吃一惊的一面,重要的,是要学会用眼睛寻出金子来。

罗柯的家信

清朝,有个叫罗柯的秀才,写文章不简洁,喜欢啰唆,人家给他起了一个外号：啰唆先生。他父亲听说后很生气，就告诉他，今后说话、写文章都要简洁明了，能一句话说清就不要两句话。后来，他到京城办事，父亲又一再叮咛他改掉"啰唆"的毛病。在京城待了一个多月，也没有人再叫他"啰唆"了，他感到非常高兴，心里想："父亲不必再为我担心，我的毛病改掉了。"于是，他给父亲写了封信：

父亲大人膝下：

往日说话啰唆，今天写信不啰唆。啰唆就是累赘，累赘就是啰唆。京也，今修金銮宝殿，费银千千万。吾因事忙，无闲暇时间写草头大万，故以方字去点代之。代与伐不同，盖有有撇与无撇之分，有撇者伐也，无撇者代也。

一年四季，即春夏秋冬也。目今，春者过，夏者去，秋来冬必至矣。天凉将转寒，头怕冻也。吾之毡帽挂在大梁之下，三梁之上。以五尺高杆取下，取之日下晒之。拍拍打打，打打拍拍。儿回去将戴也。

吾在下月即将返故里：不在初一，即在初二；不在初二，即在初三；不在初三，即在初四……不在二十八，即在二十九。所以不写三十日，下月因小月之故也。

罗柯的父亲见此信后，气得不得了，当即把信撕得粉碎。"罗柯"渐渐无人知晓了，而他的外号"啰唆"却越叫越响了。

杨修巧解汉字

三国时候，曹操有个谋士叫杨修。他聪明颖悟，才识过人，但是他很自负，恃才放旷，曹操本身也是一个有才华的人，但他对杨修并不欣赏，因为他太聪明了，于是总想除掉他。

一次，曹操命人建造了一座花园。花园门建成后，曹操亲

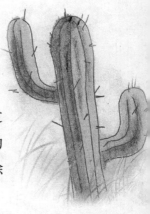

自去看，手下人说："请丞相看看这座门建得合适不合适？如果有毛病再改建。"曹操看了一会儿，也不说园门建得怎样，只是取笔在门上写了一个"活"字就走了。手下人都不知道曹操的意思，很是着急，害怕没有按照丞相的要求进行改建将受到责备，于是就请教相府的众谋士。别人都不知道是什么意思，唯有杨修说："这是件容易的事。'门'中添一'活'字，乃是一个'阔'字，就是丞相嫌园门太阔。改得窄点就好了。"众人听后，都说有道理。于是，重新改造园门，改造完毕，又请曹操来看。曹操看后很满意，问道："这是谁猜着了我的意思？"手下人说："是杨修。"曹操当众把杨修夸奖了一番，心里却有些不悦。

还有一次，有人从塞北送给曹操一盒酥。曹操在盒上写了"一合酥"三个字，放在桌上。众人见了都不了解丞相的意思，放了几天没人敢动一下。这时，杨修看见了，什么也不说，竟然把装酥的盒盖掀开，将酥分给众人，每人吃一口。事后，曹操问杨修："你怎么把我的一盒酥分给大家吃了？"杨修说："丞相在盒上明明写着'一人一口酥'，怎么能违抗丞相的命令呢？"曹操满意地点点头。

原来，曹操所写的"一合酥"，就是将"合"字拆为"人一口"，通读起来就是"一人一口酥"。

书卷三尺不见"驴"字

据说在元代，有个姓胡的秀才到集市上卖驴，为了让"驴"早些卖出去，这位自认为博学的胡秀才决定写一份"卖驴广告"。

胡秀才的"卖驴广告"是怎样写的呢？他从早晨出门的天气写起，再写到沿路见闻，写了集市景观……书卷三

尺，还不见"驴"字，直到后半部分，才用小段篇幅写了自己的"驴儿"，该广告洋洋洒洒，写了足有万言之多。胡秀才写完后，就把它装订成小册子，用竹竿悬在摊前，心想：有了这份文情并茂、内容"翔实"的卖驴广告，驴儿肯定好卖了。于是，就和近前的人们乱侃起来，根本不再去招徕买主了。那份卖驴广告因为太冗长琐碎，一些买主们仅仅瞧一眼就走了，根本没有人耐着性子读完它，结果呢，那头驴一整天也没卖出去。

含泪写成《牡丹亭》

　　汤显祖是明代戏曲家，生于 1550 年，卒于 1616 年，字义仍，号若士，祖籍江西临川。是万历十一年的进士，历任南京太常博士、詹事府主簿、礼部祠祭司主事，与顾宪成等东林党人交往很密切。十九年因抨击朝政，被贬为广东徐闻县典史。二十一年被任命为浙江遂昌知县，任职 5 年。二十六年眼看横行不法的税监到来，他在北京述职后径直返回故里。晚年以茧翁为号。他一生作有传奇《牡丹亭》《邯郸记》《南柯记》"紫钗记"，合称"玉茗堂四梦"。《牡丹亭》则是他的代表作。

　　写《牡丹亭》这一年汤显祖 49 岁。生活中耳闻目睹的一些青年男女的爱情遭遇，激起了他的强烈感情，回乡不久，就开始了他的代表作《牡丹亭》的创作。

　　汤显祖的写作非常辛苦。每天天刚亮，匆匆梳洗以后，就赶到书房去，酝酿剧中的情节、人物、语言；一旦构思成熟，马上就伏案疾书，一写就是几个时辰，一直到把他想好的这一部分一气写完，方才搁笔休息。如果发现内容、文字、音韵上有值得推敲的地方，就马上进行修改。有时得到了什么好句，

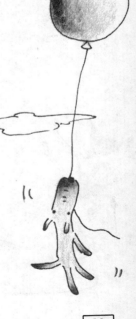

感悟
gǎnwù

文学作品要想感动别人，首先要感动自己，用自己的真情实感去塑造人物，文学形象才会鲜活、丰满。

还禁不住要以手击节，反复吟诵。他的妻子知道他这个习惯，在他写作时不准家人去打搅他。到吃饭时间，汤夫人怕饭菜凉了，亲自到书房去三催四请。汤显祖仍然埋头写作，好像根本未听见。有时口里答应："就来，就来！"可就是半天不来。等到他吁了一口长气搁笔休息时，饭菜早就凉了，汤夫人只好又给他重热一遍。

日子一久，汤显祖的脸越来越瘦削了，本来就有些尖的下颌显得更加突出，唇边也蹿出了密密麻麻的黑须。汤夫人见他写作这样辛苦，心里很不安，就关切地问汤显祖："你天天这么晚才吃饭，难道一点儿不觉得饿吗？"

汤显祖捻须一笑："我天天都在同柳梦梅、杜丽娘、春香打交道，全部心思都集中到人物身上去了，哪里还知道饿哟！"

汤夫人拿过一面镜子递给汤显祖，心疼地说："你看，人都瘦成啥样儿了！"

汤显祖看了看镜中自己瘦削的面容，仍然乐呵呵地说："没关系，没关系，戏一写完，我又会长胖的。"

一天中午，太阳已当顶了，汤夫人又到书房去喊汤显祖来吃午饭，可是书房里却空无一人，等了好一会儿，仍不见汤显祖进来。汤夫人觉得有些奇怪，便派家人四下寻找，谁知找了半天，仍不见半个人影。汤夫人有些慌了，便带领家人亲自到各处寻找。他们穿花径，过竹林，一直找到后院门，还是没有找到汤显祖。汤夫人心里更急了，就叫家仆到附近的庄上去看看。

正当大家十分焦急之际，突然一个丫鬟指着后院旁边的一间柴屋说："夫人，你听，这里面好像有人在哭！"

汤夫人侧耳一听，果然，柴屋的窗口传来了隐隐约约的哭声，哭声中似乎还夹杂着断断续续的诗句："赏春香……"

原来，汤显祖写到剧末，被主人公的凄惨身世所感动，就一人躲到柴房里痛哭起来。经过一段时间的呕心沥血，《牡丹亭》终于出炉了。

著作问世后，一经上演，立刻成了深受大家喜爱的曲目。娄江女子俞二娘读《牡丹亭》而哀感身世，含恨而死；杭州女艺人商小玲演此剧时想到自己的遭遇，悲恸难禁，猝死在舞台上。这些故事说明《牡丹亭》是一部具有鲜明的时代特点和震撼人心的杰出剧作。

后娘的词汇

乌克兰的别列雅斯拉夫镇的冬天是寒冷的，一场大雪过后，山川、河流、房屋全罩上了一层厚厚的雪被。在这样的日子里，当地居民便很少外出了，他们常常躲在厚实的白桦木板房里围着火炉取暖，享受着家人相聚的天伦之乐。

然而，就在城郊的一片灌木丛里，却有一个十四五岁的少年在紧张地忙碌着，他挥动着一把沉重的大斧子，正吃力地砍伐着灌木。斧落之处，雪花飞溅，洒满了他那瘦小破烂的衣衫。

这个少年叫阿莱汉姆，犹太人，1859 年出生于这个小镇。他的幼年时代，是在父母的呵护中成长的。不幸的是，13 岁时，他善良温厚的母亲病故了，留下了他兄妹几人。父亲为了拉扯孩子，又娶了一个妻子。没料到，这个女人极为刻薄暴戾，她不仅从早到晚逼阿莱汉姆兄妹干各种脏活累活，而且动不动就无理打骂。数九寒天，别人家的孩子都在家暖和地待着，可阿莱汉姆呢？却要在后母的指使下每天砍一大捆柴火。

傍晚到了，劳动了半天的小阿莱汉姆拖着一捆重重的木语言是生活的反映，生动活泼富有生命力的语言来源于生活。对于我们来说，要熟练驾驭生动的语言，就要热爱生活，熟悉生活，从生活中去获取丰富的语言；同时还要向人民群众学习语言，广泛地和人民群众接触，熟悉他们的生活，吸取他们健康的、具有生活气息的语言，丰富我们的语言宝库。

柴，终于踏上了回家的路。因为中午没吃饱饭，他脚下的步子迈得很困难，一个小时后，他才跟跟跄跄地走回家。不料，他刚推开木板门，继母就怒气冲冲地迎面骂起来："死鬼，懒虫，怎么现在才回来？你钻到哪个旮旯睡觉去了？"小阿莱汉姆委屈极了，他忍不住掉下了眼泪。可继母仍凶神恶煞地嚷道："瘦猴子，饭布袋，你今天晚上别想吃饭。"小阿莱汉姆听不下去了，他从屋子里拿出那个红皮小本子，一头钻进房子边的柴草堆里，呜呜地哭起来。过了一会儿，小阿莱汉姆的哭声小了，他开始悄悄地在红皮本上记下他继母的骂语来，他一边记着一边想："有一天，我要写一本书，把你这个母老虎写进去，让全世界的人都知道你。"

小阿莱汉姆有一个习惯，每当后娘打骂了他之后，他就把那些污言秽语记下来。天长日久，积累了一大本，并按一定次序编成小词典《后娘的词汇》。小阿莱汉姆长大成人后所创作的著名讽刺小说《美纳汉·孟德尔》，富于生活气息，语言生动幽默，可以说得益于《后娘的词汇》。

朴可淘的故事

朴可淘是韩国现代文坛上一位有影响的青年，他的文学作品在韩国深受不同年龄、不同文化层次的读者认可，而他的成就离不开父母对他的观察力的培养。

有一天，父子俩在田野里散步，看见池塘里有一只乌龟在岸边爬行，走走停停，父子俩轻手轻脚地走过去想把它捉住，当伸手去抓时乌龟掉进了水里。过了一会儿，乌龟又在不远处先把头伸一点出水，确认安全后，又往岸边爬。父子俩又想去抓它，乌龟又掉进了水里。就这样反复几次后，父亲对儿子

说，想抓住小乌龟是没有希望了，不如把它画下来。因他们是出来散步，画夹、笔什么都没有，要画下来也是不可能的事。于是父亲对儿子说："可淘，你过来仔细观察这只乌龟的特征，记好了回去把它画下来。"儿子走过去，蹲在父亲身边，父亲指着乌龟对儿子说："你看，乌龟有两只小眼睛、短尾巴、四只很短的脚，身子藏于甲壳之下，但这都不是乌龟的特征，而是许多爬行类动物的共同特征。乌龟特征的重点在于其背壳，乌龟背壳的硬度、形状、花纹才是观察的重点。你记住了吗？"儿子说："记住了。"此后，父亲就要求儿子随身带一个笔记本，告诉儿子以后遇到类似的情况，来不及画下来，就用文字记下来。

在父亲的熏陶下，儿子对观察事物越来越感兴趣。课余时间，可淘身上总是带一个笔记本，即时把看到的有趣的事和人记下来。日久天长，儿子记下的笔记本不计其数。由于观察时要把各种事物描述得一清二楚，这在无形中锻炼了可淘的写作水平。朴可淘现在不仅画画得好，而且在文坛上成了一位有影响力的年轻作家。

站着写作

在美国海边的一座小客栈里，有一位魁梧的中年男士，站在一张临窗的桌子前，手握着铅笔在稿纸上匆匆地写着什么。这位男士的站立姿态十分特别，他是单脚着地的，站一会儿，便换另外一只脚，老是保持一种"金鸡独立"的姿态。这个人是谁呀？他在写什么呢？少年朋友也许认为他在写留言、短信之类的便条吧？其实不对，这个人正在写一部长篇小说《老人与海》，他就是美国现代著名的小说家恩尼斯特·海明威。这诺贝尔文学奖获得者海明威采用"站着写作"的方式来强迫自己形成一种简洁文风的创作精神，我们是不是应该学习他那种"拿着板斧砍光复杂文风弊病"的精神，来努力追求一种简洁精练的文风呢？

部小说在1952年出版后被授予诺贝尔文学奖。

这时正是20世纪40年代末的一个夏天早晨，海明威正写到老人同鲨鱼搏斗的场景。他心潮澎湃，抑制不住自己，继续站立着用铅笔写下了本文中的一句名言："一个人并不是生来就要被打败的，你可以消灭他，但是你不能打败他。"也许作家是因为心情激动才站着吧？不对，这是海明威的写作习惯，就是"站着写作"。他把自己这种写作方式当做作品成功的秘诀。就在他获奖之后，有位记者找他采访，问他："先生，请你告诉我，你文笔简洁的秘诀何在?"海明威耸了耸肩，坦白道："没什么，只是'站着写'的缘故。"

原来他这站着写的习惯，是为了强迫自己用简洁的文字表达最丰富的内容，培养一种叙事写景都很精练的文风。美国人形容他的文章是"电报式"的，并称之为"海明威风格"。英国作家贝茨也称他为"拿着一把板斧的人"，意思是说他写作时具有一种大刀阔斧的作风，把19世纪后半期以来美国文学中文风复杂的种种弊病，砍了个精光。

当然，海明威写作的成功取决于主观和客观的多种因素，不能仅仅归纳为"站着写"。但是，追求文章的简洁、明确，确实是海明威一贯的态度。《永别了，武器》的最后一页，曾修改了三十多遍，直到他认为简洁明了后为止。《老人与海》的手稿，也修改了近三百遍才放心地拿去付印。对这种精益求精的写作态度所获得的成果，他曾经打了一个生动的比喻："冰山在海里移动很是威严壮观，这是因为它只有八分之一露出水面。"

郑板桥改诗

清代郑板桥的诗、书、画，当时被人称为"三绝"。他的

诗言情叙事，真切感人。他读书喜欢动脑筋思考，不拘泥于旧说，不随波逐流，总要提出自己的看法。

郑板桥小时候，有一次跟着老师和同学们到野外玩耍，他们来到一条小河边，走过一座小桥，看见桥下有一具少女的尸体。大家站在旁边看了一会儿，很为少女惋惜，但不知道她是怎么落水的。老师做了一首诗，就念了起来：

> 二八女多娇，风吹落小桥。
> 三魂随浪转，七魄泛波涛。

同学们听了，都连连说好。郑板桥听了，脑子里却立即浮现出一个个的问号，他对老师说："老师，您的诗不对。""怎么不对？"老师问。其他同学也都惊奇地看着他。郑板桥不慌不忙地说："您怎么知道这个少女是十六岁呀？您又怎么知道她是被风吹下小桥的？您怎么能看见三魂七魄随着波浪打转呢？"

一连几个问题，把老师问住了，但老师仔细一想，的确问得有道理，就说："依你的意见，这四句诗应该怎样作呢？"郑板桥略一沉思，接着念道：

> 谁家女多娇，何故落小桥？
> 青丝随浪转，粉面泛波涛。

老师听了，连连点头称赞，夸奖这孩子肯动脑筋，能向老师提出自己的独立见解，能如实又形象地把看见的事物描述出来，并希望其他同学也要向郑板桥学习。

梭勃里认错

安德烈·梭勃里是苏联一位才华卓绝的作家，但是他早期文风浮躁，常常因为图快而滥用标点。

有一次，他应邀给《海员报》写了一篇短篇小说。这篇小说题材新颖，语言也幽默风趣，只是读起来费力，有一种杂乱

感 悟 ganwu

文学家的许多作品都是多次修改的结果，反复推敲才能有更好的作品问世。从立意、主题的角度去修改会有大的进步。

感悟
gǎnwù

好的标点符号宛如一条金丝线，能把语言的珍珠串成精美的项链；好的标点符号宛如一串优美的乐符，能弹奏出语言最美的乐章。而滥用的标点会使文章杂乱无章，读之有如鲠在喉之感。

无章的感觉。报社的几位编辑想着手修改一下，但又怕伤了他的自尊心。因为他们知道梭勃里颇有些才子习气，常常固守己见，于是，就把稿子暂且存放在主编那里。

报社的老校对布拉果夫听说了这件事，就亲自找到主编巴乌斯托夫斯基家中，说："梭勃里的这篇小说，写得很有才气，可千万别扔掉了。"

"可它太难处理了。"巴乌斯托夫斯基无可奈何地说。

"那把稿子交给我吧。我敢保证，不动一个字，就能让它大见起色。"布拉果夫非常自信地说。

巴乌斯托夫斯基有些莫名其妙，可他出自对一个报社老同志的尊重，还是把稿子交给了布拉果夫。

这天晚上，老校对并没回家，他在巴乌斯托夫斯基家里工作到午夜。当睡意蒙眬的巴乌斯托夫斯基接过修改后的稿子后，竟读呆了：这篇小说原先混乱的感觉没有了，变得眉目清晰，更加活泼有趣了。

"这真是奇迹，"巴乌斯托夫斯基说，"你是怎么改的？"

"只是调整了一下标点符号。别小看了这事，标点符号能标出思想，摆正词和词之间的互相关系，使句子易懂，声调准确。标点符号好比音符，它们牢固地缚住文章，不让它散落……"布拉果夫滔滔不绝地说了起来。

第二天，小说就在《海员报》上发表了。这天，几位编辑正在谈论布拉果夫改稿的事，梭勃里推门进来了。

编辑们认为梭勃里生气了，谁也没有吱声。这时，一边的布拉果夫解释道："如果你认为改动标点就算改动的话，那么就算我动了你的大作。可是，我必须尽我校对的职责。"

出乎意料，梭勃里听了布拉果夫的话，立即走上前握住他的双手，激动地说：

"是你改动的标点，为我的文章增色了不少，我应该感谢你。你给了我一个很好的教训，今后，我得好好注意呀。"

从此以后，梭勃里再也没犯滥用标点的错误了。

第 3 章
打开科学的大门

达尔文说："科学就是整理事实，以便从中得出普遍的规律和结论。"

布鲁诺说："科学是使人的精神变得勇敢的最好途径。"

天地物移星转，万物生生不息……种种奇妙的现象吸引着人类开始思索，在走向文明的路上，人类撞开了一扇扇门，同时又发现了门内竟然是另外的十几扇甚至几十扇门，人类由衷地体会到了思维的快乐，这是心灵的收获，也激励着人们开始一段又一段的科学征程。

花儿变色的启示

夏天，正是植物生长最旺盛的时节，正在大学里攻读生物学的赵磊来到江苏启东县野外采集植物标本。

忽然，一些蔚蓝色的玫瑰引起了他的注意，他摘下一朵花仔细看了看，发现这是一朵漂亮的蓝色野生玫瑰，蓝色的花瓣上面带着几滴晶莹的露珠，在太阳的照射下，反射出奇特的光泽，煞是好看。

看着这朵美丽的小花，赵磊的疑问又产生了："这花枝密生绒毛、刚毛及刺，羽状复叶……这些都符合玫瑰的特征，肯定是一朵玫瑰花，可是，一般的玫瑰花是红色的呀，这里的玫瑰花为什么是蓝色的呢？"

回到学校后，在生物课上，赵磊把自己的疑问告诉了教地质学的张老师。张老师是学校里的老教授，在地质学方面颇有研究。他对赵磊所讲述的这种奇特的植物表现出了极大的兴趣，第二天，他就亲自出马，带着赵磊去启东县采回一大把蓝色的野玫瑰。

从启东回来，张教授就投入了缜密的研究中，而且，令人吃惊的是，根据他的推测，启东县地下有一座储量丰富的铜矿。

后来，地质矿产局勘探队实地勘探证实，那里果然有座大型铜矿，张教授因此受到有关部门的嘉奖。这天，领奖归来，张教授开玩笑地对赵磊说："赵磊同学，这嘉奖有我的一半，也有你的一半呀！"

赵磊好奇地问："老师，您是怎么由野玫瑰花色的变化想到地下有铜矿的？"

"说来话长，且听我慢慢道来——"张教授故意像说书先生那样拉着长腔，有声有色地介绍起近年来他在研究植物与矿

藏关系时收集到的资料，"罗马帝国时代，在现在德国的亚琛地区，人们发现了一些含锌的草本植物，顺藤摸瓜，找到了一座锌矿；在一种喜欢石油气味的菌类的引导下，我国地质工作者发现了玉门油矿；一种紫云英的花由紫色变成浅红色，暗示人们'此处有铀矿一座'；一种猪毛菜的枝叶膨大而扭曲，成了寻找硼矿的依据……我手头上这类植物引人觅矿藏的例子，不胜枚举。"

赵磊问："这其中到底蕴涵了什么样的道理呢？"张教授回答道："只要土壤中含有某种化学元素，在这里生长的植物就可能把它吸收集中到根、叶、茎、花、果或种子里。1934年，捷克斯洛伐克科学家巴比契夫和涅美克曾在沃斯兰地区的1000千克玉米灰中，获得10克黄金。反过来说，如果发现植物体内含有大量的某种化学元素或者颜色、形态和生理异常，我们就能初步认为，此处地下该种化学元素储量丰富，有座矿藏。"

赵磊接着问道："地下存在矿藏，地上植物的花为何变色呢？"

张教授说："植物的花的颜色是由花瓣细胞所含的花青素等色素来决定的。这些色素会因细胞液的酸、碱度的改变而变色。如果土壤中某种化学元素含量丰富，植物吸收后就能改变细胞液的酸碱度，所以花色就会改变。"

原来是这样，赵磊恍然大悟，他想：这个自然界蕴藏着无穷的奥秘呀！

先进的无土栽培技术

1929年的一天，美国一家报纸在头版刊登了一幅照片，照片上印着一个硕大的西红柿，这个西红柿的个头约是普通西红柿的7～8倍，色泽鲜红，让人垂涎欲滴。

感悟
ganwu

植物与矿物的关系是密不可分的，这种现象在日常生活中不胜枚举。我们若掌握了植物与矿物之间的联系，就能根据植物颜色寻找矿藏。科学对人类的作用很大吧，我们要好好学科学。

感悟 ganwu

无土栽培的方法并不是像那些不懂科学、道听途说的商人认为的只要把种子、肥料撒在水中就可以了，它是一门技术，只有真正热爱科学、懂科学的人才能明白它的真正价值及操作方法，从而让科技更好地为人类服务。

培植出这个西红柿的是加利福尼亚大学的格里克教授，记者亲眼看到，格里克教授脚登梯子从水上种植的西红柿上一次摘下14千克鲜红饱满的西红柿。兴奋的记者称这一成果为本世纪的重大科技发明之一。

这条新闻不胫而走，引起了普通居民的极大兴趣，更吸引了众多以赚钱为目的的富商巨贾。他们想，在水上种庄稼，不占耕地，无需浇水，不用除草，成本很低，这简直是天赐的一个赚钱的好机会！于是，他们纷纷挖池购盆，放进水去，或撒上种子，或栽上幼苗，单等美元入腰包了。孰料，几天之后一看，种子泡烂了，幼苗枯萎了，一场美梦成了空。他们失去理智叫骂起来，骂记者，骂格里克教授，骂他们是骗子！

其实，记者、教授实属冤枉，那篇新闻绝对真实。弄糟事情的只是不学无术、只知赚钱的投机商人本人。

格里克教授发明的培植西红柿的新技术名叫"无土栽培法"。什么是无土栽培呢？无土栽培就是不用天然的土壤来栽培农作物，而将农作物栽培在营养液中，这种营养液可以代替天然土壤向农作物提供水分、养分、氧气、温度，使农作物能够正常地生长，完成整个生命周期。

目前，已有40多个国家采用此法，使诸如小麦、玉米、土豆、烟草、棉花、花生、凤梨、咖啡等100余种作物以及蔬菜、花卉、果树的水上种植获得成功。例如，我国水稻研究所的科研人员，20年前就在杭州市郊的一方池塘里种植了1.35亩水上水稻，经过精心管理，金秋十月收获称重，亩产竟达496千克，高于在耕地上种植的普通水稻。

采用无土栽培法种植庄稼，方法简便，易于管理，但也绝非如前述美国商人所做的那样，把种子、肥料直接撒入水中就行了，相反，要遵循一定的规则：一般需要先做一个浮体或称水培槽，里面按照所种植物的需求加入营养元素，而且这些营养元素要长期有效，然后撒入种子，或栽上幼苗，一起放入水

中，让它漂浮于水面上。

无土栽培不使用土壤，在农业技术上是一项重大的突破，使人类在实现现代化栽培的道路上又向前迈进了一步。

五颜六色的花儿

春天的一个早晨，老师带着同学们去植物园观看花展。

一进植物园，同学们就闻到了阵阵花香，放眼望去，姹紫嫣红的花儿娇艳欲滴：有金英翠萼的迎春、云蒸霞蔚的桃花、雪肌玉容的茉莉、红霞覆树的紫薇……在花卉栏的过道里，还张贴着关于花卉的知识简介，让同学们真是既饱眼福，又长知识。

返校的路上，同学们依然在兴奋地回味着刚才的所见所闻，唯有小亮一句话也不说，原来，他又在作"深层"思考了。忽然，他抬起头，问带队的李老师。

"自然界中的花儿为什么有各种各样的颜色呢?"

"你提的问题很好。"李老师停了下来，答道。同学们围着李老师，认真地听着讲解。

"花儿万紫千红，颜色各异，是因为花瓣的细胞液里存在着各种各样的色素。影响花色最显著的是花青素。花青素的颜色不是固定不变的，它随着细胞液中酸碱度的不同而变化。细胞液为酸性时显红色，为碱性时显蓝色。花瓣细胞里还含有胡萝卜素，它的本色是橙黄色。花的黄色、橙黄色、橙红色均与胡萝卜素有关。"

这时，小亮又问了一句："花瓣细胞中的色素种类并不多，而自然界中的花儿却是五彩缤纷，这又是为什么呢?"

"不同的花儿所含色素的种类不同，数量各异，色素所处环境的酸碱度以及养料、温度条件也千差万别，于是决定了各种各样花的色彩不同、浓淡不一；甚至，有的花儿还会随环境条件的变化而自动变色。例如，弄色木芙蓉，花朵初开时是白色的，第二天变成浅红色，后来转为深红色，到花落时又变成紫色；海洞花，原先为黄色，受精后变成白色。"

说着，李老师还拿出了一张多种花的颜色统计表。表中显示，在4197种花中，白色花最多，有1193种；黄色花、红色花次之，分别有951种、923种；黑色花最少，仅有8种。

看到这些统计数字，小亮又陷入沉思：为什么自然界中白色花种类最多，黑色花种类最少呢？

李老师看出了小亮的心思，又耐心地对他说："自然界中的花，白色的种类最多，黑色的种类最少，主要与花对光的反射和吸收而导致的花温变化有关。白色花，实际上是无色花（因内含气泡，看起来为白色），它几乎不吸收任何外来光线，温度较低，易于存活；而黑色花则几乎吸收了全部外来光线，温度较高，易被灼伤，难以存活。"

神秘的"花粉病"

一年一度的消夏经贸会在风景优美、气候宜人的福临市举行。为了办好这次经贸会，市政府下发通知，要求有关部门紧急行动起来，全力以赴，做好大会的安全准备工作。

正在这节骨眼上，从全市唯一的一座机场——品正机场传来消息，该机场前天发现有人患了一种莫名其妙的疾病，至今患病人数已猛增至90多人，而且尚有蔓延之势。

听到这个消息，人们议论纷纷，有的人说："糟了，肯定又是一种传染病的征兆。"有的人说："一定是有人投毒，蓄意设置障碍，想阻止经贸会的顺利举办。"

市政府领导闻讯，立即抽调公安侦察骨干和医务尖子组成联合调查组，前往调查。抵达目的地后，公安小组和医务小组分头行动。公安小组由"老公安"张局长率领，调查该病是否

投毒所致。医务小组在医学专家王教授的组织下，首先听取机场方面的情况介绍。

调查小组一行人来到机场，早已等候在那里的机场办公室主任李逢赶忙迎了上来，他一见调查组的人就说："病人发病十分突然。患病后，鼻子奇痒，喷嚏不断，流稀鼻涕，淌眼泪，有的病人还气喘吁吁。"

王教授问："往年有患病的吗？"

"有，但人数较少。4 年前首次发现时仅有 1 名病人，第二年增至 5 人，去年扩大到 30 人，今年到目前为止已发现 93 人患病。"

"发病季节有规律吗？"

李逢想了想，点点头："很有规律。每年大约都发生于现在这个季节，具体来说，是 7～8 月份，挨到 9 月份病人便不治自愈。真是奇怪。"

听到这里，王教授若有所思，"哦"了一声。

再说公安小组的行动。7 小时之后，张局长率领的公安小组完成调查任务。经过取证、化验、分析认为，机场工作人员发病并非投毒所致。

排除了投毒这个可能性，王教授信心更足，他果断地吩咐同来的医务人员：

"准备 30 张洁净的载玻片，在机场选取 10 个点，一个点放置一片，每隔 24 小时取回旧片更换新片。"

3 天后，把取回的最后一批载玻片逐一放到显微镜下观察，看到多数载玻片的视野中散布着一些略呈三角形、尖端带有小孔的蒿属植物花粉。王教授当即命人去医学院取来蒿属植物花粉浸液，用其为病人作皮肤试验，结果显示红肿反应。为慎重起见，又经实地考察，在机场周围发现了生长着的蒿属植物。于是，王教授在调查报告中写下几行字：机场工作人员患的是植物"花粉病"。蒿属植物花粉是一种致敏物质，有些人

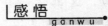

| 感悟
gǎnwù

植物花粉是一种致敏物质，有些人与其接触后，身体就会发生过敏反应。只有细心观察并反复试验，才能有效地认识到这一点，从而排除机场人员发病并非投毒所致。我们遇到问题时不能妄下结论，应该通过观察和试验来探索事情的真相。

与其多次接触后，身体就发生明显的反应，以后每到这种花粉的散播季节，就会发病，接触的次数越多，致敏机会就越多，所以患病人数逐年增加。

听了王教授的解释，大家这才恍然大悟。

丢失的衣服

一个炎炎夏日，齐非斯与朋友到东部非洲的山里去打猎。

不幸的是，他们迷了路，黄昏时分仍未走出猎区，无奈，只好支起帐篷，在野外露宿。为防野兽袭击，他们商定晚上轮流睡觉和在外值班。因为天气闷热，没有一丝风，朗姆罕德上半夜值班时，便脱下外衣，顺手放在旁边一种蔓藤草上。谁知，到换班时，伸手去拿衣服，却发现衣服不见了。

齐非斯屋里屋外找了好几遍，也没有发现朗姆罕德的衣服，他好生纳闷，衣服去哪里了呢？难道是让野兽衔走了吗？不可能。因为朗姆罕德忠于职守，从未离开帐篷附近半步。难道是被大风吹跑了吗？可是，昨晚天气闷热，一丝风也没有啊。难道衣服长了腿自己跑了吗？

正在纳闷的时候，齐非斯听到了好友朗姆罕德的呼唤，原来，朗姆罕德意外地在离帐篷30多米外的蔓藤草上找到了自己的衣服。原来，朗姆罕德丢失的衣服是被那棵蔓藤草"驮"到30多米以外的地方的。这种蔓藤草，当地人管它叫"行路草"，它不像一般的植物那样老老实实待在原地，而是非常善于运动。据当地人测量，它每天能向前走60～80米呢！所以半夜的工夫，它就把衣服驮了30多米。

詹森与显微镜

用肉眼观察世界，人们对许多事物都感到神秘莫测："干

干净净"的水为什么喝了有时会生病？人体血管里流动的液体到底是什么？人们渴望着能够将自己的眼睛延伸到微观世界中去。16 世纪末人类第一台显微镜的诞生，帮助人们进入到一个神秘的微观世界。

这台显微镜的诞生有这样一个故事：

在英国，有一对父子共同经营着一家眼镜店。

儿子詹森从小聪明伶俐，肯钻研，好动手。磨制玻璃的沙沙声，曾无数次激起他美好的幻想；透过一块块明亮的玻璃，也使他看到了许多奇妙的世界，使他了解到，透过磨制的玻璃片可以将微小的东西放大。他是多么想亲手磨制出光滑透亮的镜片，用它来观察自然界的奥秘呀！

一个春光明媚的早晨，詹森在房间里玩一些磨制好的凸玻璃镜片。他无意中把两片凸玻璃片装到一个金属管子里，并用这个管子去观看街道上的建筑物。呵，奇怪的事情在眼前发生了：建筑上雕刻的图案忽然比过去大了十几倍！这个意想不到的发现使詹森高兴地喊了起来，并把父亲罕斯叫上楼来，看看他的新玩意儿。

在詹森这一发现的基础上，父子俩认真思索，并用各种大小不一的凸镜片按不同的距离装配起来，进行试验。最后，他们终于找出一个最佳方案，组装成世界上第一台显微镜。

当然，这台显微镜十分粗糙，放大率不超过十几倍，植物的细微构造根本看不到。但这在当时也是一件了不起的事情。不过当时的人们并没有意识到它的科学价值，只是把显微镜当成玩具，用来观看跳蚤的一举一动，所以显微镜当时也叫跳蚤镜。

到 17 世纪的中期，荷兰著名生物学家列文虎克对它进行了改进。他把两片镜片隔开一些距离，固定在一块金属板上，在两镜片之间还安上一根用来调节镜片距离的螺旋杆，这样放大率就提高到 200 多倍。再后来，又经过意大利学者伽利略和英国学者胡克等人的不断改造、完善，才使显微镜成为现在的样子。

看门人的伟大发现

1632 年，列文虎克出生于荷兰的德尔非特镇。他的父亲、祖父和曾祖父都经营过酿酒业。由于父亲早年去世，只靠母亲省吃俭用难以维持生活，列文虎克 16 岁时就辍学了。后来，他到阿姆斯特丹的一家杂货铺里做了几年店员，21 岁时回到故乡，在本镇政府里当了一名看门人。

看门是一份比较轻松的工作，列文虎克喜爱这份工作，因为这份工作带给了他充足的时间，可以让他做些自己的事。一次，一个偶然的机会，他从一位朋友那里得知，在首都阿姆斯特丹有许多眼镜店，除磨制镜片外，也磨制放大镜。朋友告诉列文虎克，放大镜是一种很奇妙的新玩意，可以将很微小的东西放大，使观察者可以清清楚楚地观看。

列文虎克接触了放大镜后，立即就喜欢上了这种神奇的器具，于是他在工作之余，常常会磨制出各种镜片。由于他的苦心钻研，制作了能放大 200 多倍的显微镜，并用这种显微镜第一次看到了微生物。

有了自己的显微镜后，列文虎克兴致勃勃地将能够想到的小东西一个接一个地放在镜下，观看它们的庐山真面目。显微镜下蜜蜂腿上的短毛，竟然如缝衣针一样地竖立着，让人有点害怕。随后，列文虎克又观察了蜜蜂的螫针、蚊子的长嘴和一种甲虫的腿。好奇心得到满足后，列文虎克又开始制造更大倍数的显微镜，他想看清楚更小的物体。

1683 年一天的中午，列文虎克想了解胡椒为什么是辣的，便把浸过水的胡椒粉放在显微镜下观看。他忽然发现，在显微镜下除了胡椒粉外，还有许多微小的"东西"在游动。接着，他又用显微镜去观察井水、污水和自己的齿垢。他简直不敢相信自己的眼睛，在小小的一滴脏水里，在针尖大的一点齿垢中，这些不停地游动着的小"东西"竟多得数不清。它们有的像棍棒，有的像皮球，有的像油炸麻花，还有的像香蕉。它们有的成双成对，有的单独活动，还有的像葡萄或链条一样紧紧地挤在一起。

这一天，列文虎克的心情非常激动。他反复观察、研究这些奇妙的"小东西"，并把观察到的结果仔细地画了下来，给它们取名为"小畜牧"。

经过几年的详细观察和认真研究，列文虎克把他的发现写成了一本书，书名为《安东·列文虎克所发现的自然界的秘密》，于1695年出版发行。该书出版后，很快轰动了欧洲，就连英国女王也急不可待地要看看显微镜下的这些"小东西"呢！

洗澡水的漩涡

美国麻省理工学院机械工程系的系主任谢皮罗教授敏锐地注意到每次放洗澡水时，水的漩涡总是向逆时针方向流转！

谢皮罗紧紧抓住这个现象不放。他设计了一个碟形容器，里面灌满水，每当拔掉碟底的塞子，碟里的水也总是形成逆时针旋转的漩涡。这证明放洗澡水时漩涡朝左并非偶然，而是一种有规律的现象。

1962年，谢皮罗发表论文，认为水的漩涡与地球自转有关。如果地球停止自转的话，拔掉澡盆的塞子，水不会产生漩涡。由于地球是自西向东不停地旋转，而美国又处于北半球，所以漩涡总是逆时针方向旋转。谢皮罗由此推

导出，北半球的台风，同样是逆时针方向旋转的，其道理与洗澡水的漩涡是一样的。他断言，如果在南半球，则恰好相反，洗澡水将会按顺时针方向形成漩涡，在赤道则不会形成漩涡。

谢皮罗的论文发表后，引起了各国科学家的莫大兴趣，他们纷纷在各地进行试验，结果证明谢皮罗的论断完全正确。随后，这一现象被命名为"谢皮罗现象"。

"谢皮罗现象"同样存在于飓风、龙卷风、河流等自然现象中。飓风、龙卷风在北半球逆时针旋转，在南半球顺时针旋转。北半球由南向北流的河，总是东岸被水侵蚀得比较厉害……

器官间的争吵

星期三的早晨，床头的闹钟"丁零零"地响了起来，叫醒了沉睡在梦中的小明。小明想起来，可是他却感觉脑袋里像灌了铅一样地疼，他把手放在额头上一摸，哟，好烫，看来，今天是没有办法到学校去了，想到这里，小明不知不觉地又睡着了。

小明刚要闭上眼睛，好好睡上一觉，却隐隐约约地听见一个声音愤愤不平地说：

"大家看看，人家大脑多娇气，稍不舒服就休息。"同时伴有"呼——呼——"的微风声。

"肺老弟，人家是总指挥，你管得着嘛！再说了，就是发牢骚也没有你的份。"这是另外一种声音，还伴着咕噜声，"你不就是气体交换器吗？把氧气吸进来，把二氧化碳呼出去，这活多好干，哪像我们胃肠，只要主人嘴巴一张，酸甜苦辣，统统塞到我们胃里。我们就得立即分泌胃液，对食物进行加工，我们先将食物研磨分解成粥样的食糜，然后再送到小肠进行再

加工。不要小看我们的小肠只有五六米长，食糜在这里要经过3～8小时的慢加工，对众多的营养物质进行严格的分类筛选，并源源不断地通过特有的路径分门别类送入人体营养输送带——血液循环，供给肝和其他部门。繁忙工作之后，我们的大肠还要最后收拾残局，吸收残余营养，将废物排出体外。我们倒不是表功，实实在在地说，在人体这个王国里，你们哪一家离了我们胃肠都过不了日子。"

"胃肠老兄，你这样说就不对了。"随着"咚——咚——"的有节奏的跳动，心脏开始说话了，"我们的功劳也不小啊，当胎儿还在母亲的体内，体重只有120克的时候，我就已经开始工作了。而且，随着一个人的成长，我的工作量还要逐渐加大。血液在血管中流动，全靠我来推动。如果没有我，你们提炼的营养精品怎么能运送出去。一昼夜我要把人体全部血液排送1500～2000次，总共6000～8000升。有人计算，如果把我当做水泵，我的功率相当于1昼夜把1个人举到100多层楼的房顶……总之，由于我的忘我工作，给大家带来必需的营养。不信，咱们换换岗位试试看！"

"换就换！"

"……"

"什么?! 换岗？胃当心脏？——万万不行！"小明简直不敢想下去，一下子从被窝里跳了出来。

"不要激动，小明。"一直在沉默的大脑劝小明冷静，然后听到它说，"器官们争吵起来，都怪我，因为我这几天工作太疲劳了，程序有点儿失调，稍微休息一下就会好的，请各位理解。在一个人的身体内，我们大家都在作着不同的贡献，确实都很辛苦。可是，大家想想，如果我们不懂得协助，怎么能够完成自己应尽的使命呢？没有肠胃的工作，人就没有一个良好的消化系统，小主人的身体素质就要下降；没有心脏的工作，人就会失去生命；没有我这个大脑的指挥与协调，各位兄弟也

感 悟
ganwu

人体的各生理系统组成一个密切联系的整体，缺一不可，只有它们通力合作，才使得我们能够保持健康的身体。

89

不能各司其职。在人的身体里，我们是彼此密切关联的一个整体，缺一不可。希望大家能通力合作，加强联系，共同服务于小主人，使他生活快乐，学习进步!"

"说得对!"没来得及发言的器官异口同声地表示赞同。

小明也放下心来，顿感轻松了许多。

跷跷板引出的发明

1816 年的一天傍晚，法国巴黎纳克医院的勒内克医生带着他的小女儿在公园里散步，公园里有一对铁制的跷跷板，两个孩子正坐在跷跷板上，好像在听着什么，勒内克感到很好奇，他走过去，想看看这两个孩子究竟在玩什么游戏。

走近一看，原来这两个孩子正在玩听声音的游戏，他们一个蹲在跷跷板的一端，耳朵紧贴在板面上，一个站在另一端，用一根铁棒在板上不断地划着，还大声问：

"听见了没有？"

"听见了!"另一端的孩子响亮地回答道。随后两个孩子对着哈哈大笑起来。勒内克的女儿也被这个颇为有趣的游戏吸引了，等两个孩子一走，女儿就拉着父亲的手赶忙来到跷跷板跟前，女儿在一端用钥匙划木板，让父亲在另一边侧耳细听。

"听到了吗？"小女儿一边划，一边问。

"听到了!"他果然清楚地听到一种"笃笃"声。

这个有趣的游戏让生性聪明而敬业的勒内克马上想到，能不能用这种办法来发明一种医疗器具呢？

原来，当时为了通过病人心肺活动的声音来诊断病情，医生不得不把耳朵直接靠在病人的胸脯上。但这样做，有时又十分不方便。例如，有一次，一位胖胖的贵族小姐来纳克医院就医，勒内克怀疑她心脏有毛病，提出要把耳朵靠在她的胸脯上听听心脏跳动的情况。小姐红着脸说："这怎么成呢？"这使得

勒内克十分尴尬。

这下可好了，在病人和医生之间加上一个媒介，并使声音在传播时减少扩散和损失，问题不就解决了吗！

第二天，在纳克医院的门诊部里，勒内克把一张纸卷起来，用一根线捆上，做成一个中空的筒，而后放在病人的胸部，果然，他通过这个筒听到了病人心脏的跳动声！世界上最早的听诊器就这样诞生了。不过，勒内克并未满足于此，他继续作了许多试验。后来，他用木筒代替了纸筒，这样听到的声音就更清晰了。

输血的故事

300多年前，在英国有一位著名的解剖学家，叫理查·劳卫尔。

一天，在他的诊所里，来了一只失血的狗，由于失血量不少，那只狗看起来奄奄一息，理查·劳卫尔马上为这只狗施行了输血，他把另一只狗的血液输进了这只狗的身体内，这只狗得救了。

其他的医生如法炮制，两年后，法国御医丹尼斯看到一个17岁的少年因长期发烧而脸色苍白、四肢乏力，便把一些新鲜羊血缓缓注入他的身体。这个历史上第一位接受外来血液的少年患者幸运地存活下来。丹尼斯本人成为世界上第一位给人输血的人。

然而，当他按照此法，再给其他病人输入动物血时，意外事故发生了，病人因受血而心脏停止了跳动。这时，不幸的丹尼斯马上受到了来自舆论各界的压力，病人家属的责骂、同事朋友的埋怨一齐向他涌来，他大有吃官司的危险。

因出现事故，无人敢涉这一禁区，输血的研究中断了。其后，人们只能眼睁睁地看着伤病患者因失血过多而奄奄一息，

现在大家都知道输血时A型血的人能接受A型与O型血，B型血的人能接受B型与O型血，而AB型血的人则是所有血型的血都能接受，O型血的人只能接受O型血，但是其中的原理你知道吗？这个原理可是医学工作者们冒着生命危险无数次试验才发现的。医学是严谨的，容不得半点马虎。只有极其认真的治学态度，才能救人于危难之间。

直至停止呼吸。

又过了200多年，英国妇产科医生简姆·勃兰台尔对于产妇因流血过多而死亡的现象，心痛如绞，不忍目睹。1881年11月的一天，他顶着舆论压力，冒着被砍头的危险，把他人的血液输给流血过多的产妇，产妇的脸色渐渐红润起来，得救了！继续试验，有40％被输血的人得救。人们对此不再一味谩骂抨击，肯定了他开创人血输用先河的功绩。尽管输血时事故频发，但勃兰台尔坚持认为，输血能够挽救病人的生命。同时，他颇感纳闷儿：手术过程中，自己同样严格操作，为何有时能把病人从死亡线上拉回来，有时却使病人立即出现剧烈反应而丧命呢？

1900年，捷克医生卡尔·兰特斯坦纳找到了问题的正确答案。一天，他把一个人的红细胞与另一个人的血清混合在一起，看到红细胞慢慢凝成小块，后来由凝集而解体，释放出血红蛋白。红细胞一旦失去血红蛋白，生理功能便丧失殆尽。他还发现，一个人的红细胞，不是遇到任何人的血清都凝集，一个人的血清也不一定能使任何人的红细胞凝集。于是，他猜测：人类中的红细胞和血清可能有多种类型。

经过数次的试验，兰特斯坦纳最终得出了结论：人体的血液分为三种类型，分别称为A型、B型和O型。之所以有的病人会在输血过程中失去生命，是因为受血者与输血者的血型不同所致。

在血型探索的路上，兰特斯坦纳的两名学生继续研究，又发现了一种较为罕见的血型——AB型。这就是我们常说的ABO血型系统。

有了这个最基本的常识，输血中的事故大大减少了。

华佗与麻沸散

华佗是我国东汉时期的一名神医。他不仅医德高尚，而且医术高超，确有手到病除、妙手回春之功。

东汉时期，战乱频繁，军队和老百姓受伤的很多，而当时的医学条件又极为不发达，每一次外科手术都是惨不忍睹：病人由于手术中的剧烈疼痛而拼命挣扎，严重地影响了手术的进行。为了防止病人的挣扎阻碍手术，医生需要将病人的四肢用绳子捆绑起来；为了防止病人在手术中目睹手术而受到惊吓，医生要把病人的脑袋用布包起来，只有这样，手术才能进行下去。作为一名医生，华佗看到病人痛苦的惨状，听到病人死去活来的呼喊声，他心如刀绞，他下定决心，一定要找到一种能够解除手术时病人疼痛的方法。

一天，几个人抬着一个昏迷不醒的汉子前来就医。华佗上前一看，发现这汉子的腿摔断了，伤势非常严重，必须马上动手术，连往常的"捆绑"也来不及了，否则就会有生命危险。华佗赶紧让几个来人按住那个汉子，麻利地动起刀来。在整个手术的过程中，华佗一直担心病人会大声地喊叫，出乎意料的是，病人始终没有作任何反抗，他身子软绵绵的，呼吸非常均匀，一点痛苦的反应都没有，这使华佗感到十分蹊跷，他再次来到汉子跟前仔细观看，这才发现汉子的脸红红的，嘴里还不停地冒着酒气。

"他喝酒了吗？"华佗问来人。

"他不仅喝了，还喝了个酩酊大醉，在回家的路上摔到了山沟里，才成了这般模样。"一个来人答道。

噢，原来如此！华佗恍然大悟："人醉了就失去了知觉，再动手术时自然不会感到疼痛了。这真是个好办法！"

于是，他在酒上做起了文章，还收集了许多草药，研制出

感悟 ganwu

麻沸散的发明减轻了病人的痛苦，而它的发明却是华佗在一次动手术中由喝醉酒的汉子不觉得痛受到启发而研制成的。在科学的探索道路上，我们要多留一份心关注生活中的每一个细节，或许有意想不到的收获！

多种有麻醉作用的药方。最后，他终于找到了一种特效的麻醉剂——麻沸散。

一天，又一个病人前来求诊。他肚子疼得要命且反复发作，病魔折腾得他连胡须、眉毛都快掉干净了。华佗诊断后，对病人说：

"你的脾脏有一半已经烂掉了，必须剖腹切除。"

病人虽然非常害怕，但是为了治病，还是勉强答应了。没想到的是，像是睡了一大觉后，华佗告诉他病已治好了。开始，这病人半信半疑，当他看到自己腹部的刀口和被切下来的坏脾时，才真的相信了。原来华佗让他喝了麻沸散，他自然就不知道手术中的一切了。

麻沸散就是这么神奇！

温度计的发明

医院里，当病人因为体温升高而不舒服的时候，医生就会用一支细长的体温计准确地测出病人的体温，使用方便的体温计应用于临床已经有半个世纪的时间，而它的发明研制却花了近三个世纪，而且它的发明构想，源于伽利略发明的温度计。

许多年前，当伽利略还是威尼斯一所大学里的老师时，已经表现出了非凡的才华，每当人们在学习中遇到问题时，总是爱向他请教。

一天，附近医院的几名医生慕名而来，向伽利略诉说了他们的烦恼，伽利略一时想不出办法，但却把这个问题记在了心里。

一次，伽利略给学生上实验课。他一边操作一边问学生：

"温度升高，尤其是沸腾时，容器里的水面为什么会升高？"

"温度升高，水的体积膨胀，水面自然要上升了。"学生们

齐声答道。

"开水冷却后，又会怎样呢？"

"水的体积缩小，水面又降下来了。"

学生们的回答，伽利略当然十分满意。但更使他高兴的是，这一问一答，冲开了他智慧的大门。他突然想到："既然温度发生变化时，水的体积也要随着发生变化，那么，从水面的体积变化，不也就可以测出温度的变化了吗？"

下课后，伽利略迫不及待地来到实验室，根据热胀冷缩的原理，认真地做起实验来。他取来一支试管，用手握着试管，使管内空气发热，再把试管倒过来倒入一盆冷水中，松开手时发现水在试管里被吸上一截来；再握住试管，这截水又没有了。从水面的上升下降可以看出管内温度的变化，但看不出变化的程度。另外，每次测温都要端着一盆水，也太不方便了。

感 悟
gǎnwù

对生活中的每一件事、每一种现象都不放过，都能够去潜心研究，这是伽利略成功发明温度计的秘诀。在科学研究的道路上，我们也需要这种精神去引导我们将理论知识与实际相结合，从而发明更多的有实用价值的东西。

有一天，伽利略找来一支很细的试管，那是一根有刻度的直形细长玻璃管，封闭的一端呈球形，未封闭的一端插在水里。当周围的气温发生变化时，管内水柱的高低也随之发生变化，由此得知气温的高低。但是，由于水是露在大气里的。水柱的升降除受气温的影响外，还受到大气压的影响，因而仅凭水柱高低测量气温的变化往往欠准确性。为了解决这一问题，1654 年，伽利略的学生改用酒精代替水，制成一种不受大气压影响的温度计，并首次被意大利医学教授圣托里奥用于测量人的体温。一试验，效果很好。医生拿去一用，也很满意。

就这样，第一支有实用价值的温度计诞生了。

后来，温度计被不断改进。例如，伽利略的朋友桑托里奥用着色液体代替了水；1714 年德国人华伦海特创设了一种准确的温标——"华氏温标"；1730 年法国人列奥米尔制成酒精温度计；1742 年瑞典人摄尔修斯发明水银温度计，创设了"摄氏温标"。这样，温度计就逐渐成了现在的样子。

埃克曼与脚气病

提起维生素，人们并不会感到陌生。如果我们把人体设想为汽车的引擎，维生素就有如活塞一样。这种惊人的物质在食物中含量甚微，通常在一般食物中只有万分之一的含量，但它的作用却非常重要，生命体一旦失掉它就会死亡，所以，它是名副其实的维持生命的要素。

说起维生素的发现有着这样一段有趣的故事：

1893年，年轻的荷兰军医艾克曼来到印度尼西亚的爪哇岛。当时，岛上的居民正流行严重的"脚气病"。这种病可不是我们现在所说的因真菌感染而长癣发痒的皮肤病，而是一种地方性、多发性神经炎。重者会神志不清、浑身无力、腿脚浮肿，更有甚者会在数天或数小时内死亡。

埃克曼看到病痛中的病人，心中十分焦急，马上收集药方、土法投入治疗工作。可他使出浑身解数，也无济于事，最后连自己也患上了脚气病。他痛苦难忍，但并未放弃对医疗方案的探索。

病情仍在蔓延，鸡也得上了脚气病。埃克曼开始怀疑这是一种传染病，便找来一些病鸡观察它们的脚，但却没有发现特殊的细菌。

没想到，几个月后竟出现了奇迹：没有经过任何治疗的病鸡逐渐恢复了健康。埃克曼发现这个情况后欣喜若狂，马上跑到鸡棚，正碰上喂鸡的师傅。

"师傅，您知道病鸡为什么不治而愈吗？请您告诉我。"埃克曼几乎在哀求这位师傅。

"讲什么呢？"忠诚老实的喂鸡师傅为难地说，"我是最近才来这里工作的，和我的前任老师傅一样负责喂鸡，只是他用人们吃剩的精米饭喂鸡，我是用领到的粗饲料喂鸡，没有再让

感悟
ganwu

生活中的奥秘真是不少，就像故事中说的吃精米居然会引起脚气病，大家可能没想到吧！这一方面告诉我们平时不要挑食，多吃些糙米粗食；另一方面也告诉了我们遇到问题要多寻求别人的意见，或许有些地方你遗漏了而别人却注意到了呢！埃克曼留心观察，终于使难题迎刃而解。

鸡吃精米饭。谁知，这些鸡的病竟好了。"

"啊！我明白了，问题出在精米上。"埃克曼恍然大悟，他痛苦的脸上终于露出了笑容。

原来爪哇岛上的人对粮食制作特别讲究，他们都是将米面反复加工精碾细磨后才作为主粮食品。这样，有些营养就会在制作过程中消失了，人们吃了这种米，自然而然地患上了维生素缺乏症。

从此，埃克曼到处演说，要求病人熬米糠水喝，劝说人们要多吃粗粮，不要只吃精米。这一招还真灵，脚气病终于在爪哇岛上销声匿迹了。从此，人们才真正地认识到维生素的作用。

聪明的鹦鹉

有一天，正在某个城市的大街上巡逻的警察忽然听到"救命""救命"的报警声。顺着这喊声，警察捉住了一个神色慌张、形迹可疑的人。经审问，这人果然是个小偷。原来，他在一家住宅盗窃后，临走时顺手抓了只鹦鹉。没想到，这只鹦鹉经过主人的驯养，学会了说话。它在关键时刻报了警，使小偷自投罗网。

无独有偶。又有一年，英国发生了一起凶杀案，三名罪犯畏罪潜逃，警方在通缉追捕。

一天晚上，这三个杀人犯偷偷溜进伦敦的一所单幢住宅里，在这个住宅里住着两位老太太，杀人犯准备绑架她们做人质，威胁警方。

面对穷凶极恶的歹徒，两位老太太毫无办法。正在这时，隔壁房间突然传来一个响亮的声音：

"怎么了，发生什么事了？"

听到这声音，歹徒们吓了一跳。是不是有人来了？他们心惊胆战地掏出匕首，推门冲进隔壁房间。可是，房间里并没有

人，倒是有一只鹦鹉在那里"摇头摆尾"。原来是它在作怪！歹徒们这才放了心，折回身来要到隔壁房间把老太太带走。没想到，门被反锁上了。原来，老太太们急中生智，趁歹徒慌乱之机，把他们关在了屋里，并打电话报了警。不一会儿，警察来了，三个走投无路的歹徒只好乖乖地束手就擒。

人类首次发现的抗生素

由英国科学家费莱明发现的青霉素，是人类首次发现的抗生素。

1881年8月6日，弗莱明出生于苏格兰的一个小乡村。大学毕业后，曾在伦敦大学附属的圣玛丽医院从事细菌学的研究。第一次世界大战爆发后，弗莱明当了军医。在当军医期间，弗莱明常常十分痛苦，因为找不到合适的药物，很难使士兵的伤口避免感染。因此，他十分希望能找到一种理想的药物。

一个初夏的早晨，阳光明媚，弗莱明照例取出培养皿，逐个观察。突然，他的注意力停留在一只被污染的培养皿上，一个奇怪的现象引起了他的注意：在污染的青绿色霉菌菌落周围的葡萄球菌全部消失了，而且还形成一个透明圈；若对着太阳光观察，透明圈更为明显。

青绿色霉菌周围的葡萄球菌被什么东西溶化了？难道是青绿色霉菌分泌的一种杀伤力极强的化学物质？

弗莱明继续对这种现象进行观察，又细心地把青绿色霉菌移种出来，进行菌种鉴定，原来是青霉菌。他又把提纯的青霉菌重新接种到长满葡萄球菌的平板上，在 $25\,℃\sim28\,℃$ 的恒温条件下培养3天后，青霉菌的周围又出现了透明圈！

实验成功了！它有力地证明，是青霉菌分泌出一种具有杀伤力的物质把具有强烈毒性的葡萄球菌消灭了。

"青霉素"的发现是弗莱明细心观察的结果。科学实验必须要有严谨的态度，只有善于捕捉实验过程中的细枝末节，才能在原来基础上有所发现和突破。

弗莱明把这个发现告诉了他的两位助手李雷和克拉多克。两位助手听完后，急切地问：

"能否把这种具有杀伤力的物质提取出来？"

"完全有这种可能性！"弗莱明信心十足地回答。

在弗莱明的指导下，三人实验小组马上行动起来。

他们把提纯的青霉菌接种到营养丰富的培养液里，并不断摇动培养液，以利于通气，使青霉菌旺盛地生长繁殖。培养5天后，他们又把培养液进行过滤，除去青霉菌的菌丝体，最后获得一瓶浅黄色的液体。

克拉多克早已备好长满葡萄球菌的平板，他们在无菌室内把滤液小心地滴加在平板上的葡萄球菌菌落中，又小心地把培养皿的盖子盖好。几小时后，弗莱明透过玻璃盖发现，平板上生长茂密的细菌全都消失了。

他们又用无菌水把滤液逐倍稀释，1倍，2倍，10倍，100倍……最后一直稀释到800倍，稀释液杀伤葡萄球菌的能力还没有完全消失。他们又用葡萄球菌以外的细菌进行实验，也获得了同样的效果。例如，曾经吞噬过数万人生命的肺炎双球菌，只要用稀释800倍的稀释液，就能把它们全部杀死。

这种杀伤力巨大的滤液对动物和人是否有毒性呢？

于是，李雷和克拉多克又以兔子为对象进行了动物毒性实验。实验结果表明，兔子不仅没有出现异常毒性反应，而且还提高了抗病能力。这说明，青霉菌产生的这种具有巨大杀伤力的物质是没有毒性的！

一天，弗莱明的助手被玻璃瓶碎片划了一道口子，后来感染化脓，肿得厉害。弗莱明看了他的手，说："不要紧，我这里有一种现成的药，或许能治好你的伤口。"弗莱明说着，就进了实验室。一会儿，他拿着一块蘸有药物的玻璃棒，在助手的伤口上涂了涂，然后笑着说："明天可能就会好的。"

第二天，助手带着喜悦的神色跑来问道："教授，您涂的是什么药呀？涂一次就痊愈了！"说着，他就把手伸给弗莱明看。果然，助手伤口上的红肿已经消失。弗莱明高兴地告诉他，这种药就是青霉菌液体。

弗莱明的这一研究成果引起了人们的注意。青霉素的发现和研制成功，让人们不再受到某些病痛的折磨，同时也使得各国的医学家开创了现代药物治疗的新时期。

看不见的凶手

感悟
ganwu

高强度的噪音会使人感到四肢乏力、头痛、失眠；声响达到165分贝，动物会死亡；超过175分贝人就会丧命。在生活中，我们应时刻警惕这些无形的杀手。

星期一一大早，哈利警长刚一上班就接到一个令他十分紧张的电话：在警察局附近的麦克罗思钢铁厂发生了重大凶杀案件，数百名员工全部死去！

数百名员工全部死了，这在海滨城是从未发生过的！哈利警长感到事关重大，5分钟后，他就带人开车到达了这个钢铁厂。

来到麦克罗思钢铁厂，这里的情景让哈利警长大吃一惊！只见高炉还在轰响着，各种机器仍在不停地运转，操作者却一个个倒在地上，气绝身亡了。

哈利警长在炼钢车间里转了一圈，没发现任何可疑痕迹。正在哈利警长纳闷时，有一名警察走了过来："报告警长，锯钢车间里也发生了同样的情况。"

哈利警长心里一惊，立刻来到锯钢车间。

车间里，十多台电锯还在"咔嚓咔嚓"地响着。可是，22名工人却神情痛苦地死在机器旁。

又有人报告说：厂里的财务处也是这种情况。哈利警长马上朝厂财务处走去。在财务处里，他看见几名姑娘有的躺在地上，有的歪倒在办公桌旁，个个东倒西歪，人人脸上都露出一副痛苦的表情，她们的心脏都停止了跳动。

哈利警长让人撬开保险柜，发现保险柜里的巨额美钞分文不少。这时，哈利警长感到案情复杂，不同一般。

"报告警长，法医来了。"一名警察话音刚落，三名法医来到哈利警长身边。他们低声商量了一阵，就开始当场验尸。

不一会儿，验尸结果出来了：死者身上没有刀枪伤痕，也没有任何中毒症状，死因不明。

哈利警长觉得非常奇怪，从现场看，集体自杀的推断是没有证据的。如果是他杀，那么，凶手是谁呢？凶手用的是什么手段呢？

大家都陷入迷茫之中，对这个奇怪的凶杀案感到困惑。

这时，警察艾克走到了钢厂试样化验室的窗口前。他忽然发现一位昏迷的姑娘，艾克立刻报告了警长哈利。

"快，快送医院抢救！"

两小时后，姑娘苏醒过来了。哈利警长赶到医院，他想从姑娘身上了解一点线索。

"姑娘，你是怎么昏迷过去的？"哈利警长亲切地向姑娘询问起来。

姑娘望着警长不停翕动的嘴唇，说："你说什么？我一点也听不见。"

尽管哈利警长将声音提得很高，那姑娘还是什么也听不见。哈利警长只好在纸上写"请你说说是怎么遇害的"，递给那个姑娘。姑娘看了纸条，思索了一会儿，结结巴巴地说出了事情发生的过程：

这天，麦克罗思钢铁厂同平时一样，喧哗而繁忙。各个车间里，工人们都在紧张地操作着各种机器设备，马达轰鸣，机声震耳。试样化验室由于安装了消音设备，显得比较安静。

到了中午时分，天空突然飞来了一群巨型运输机，它们飞得很低，几乎贴近厂房，并且发出一阵阵巨大的吼声，这吼声压迫得人几乎喘不过气来，正在干活的人们，有的像突然得了心肌梗死，痛苦不堪；有的像注射了过量的激素，狂暴乱跳；

还有的双手捂耳，惊恐地狂叫……

紧接着，姑娘也感到自己心情烦躁，浑身疼痛难忍，渐渐地也失去了知觉……

听了这一切，哈利警长心头一亮，他立刻明白了，制造这起惨案的真正凶手，是看不见摸不着的噪音。

哈利警长想起前不久在联合国世界环境保护工作会议上颁布的一项新条款，将噪音列为当代人类最不可容忍的灾难之一。

麦克罗思钢铁厂平时噪音量就很大。那天中午，一群飞机违章俯冲飞行，使噪音量恶性剧增，超过人体承受限度，造成数百名员工死亡。试样化验室里的那一位姑娘，由于室内的消音设备减弱了噪音的袭击，才幸免于难。

哈利警长对案情作了详细分析后，人们才恍然大悟：噪音竟会给人类造成这么大的灾难。

· 神秘的 UFO ·

在这个世界上常常会有许多奇怪的事情发生：

2001 年的 8 月 21 日晚上，法国某城市的许多人与平时一样，来到户外乘凉，突然在东北角的夜空出现了一个暗白色的碟形物，这个碟形物在天空出现了十多分钟，然后消失了。

1981 年 4 月初的一天夜里，天还没有亮，大约 4 点多钟，住在一幢政府公寓的几个高级工程师、苏联国防部的官员和一位医生，早起准备上班。他们在各自的房间和浴室里都看见在天空列队飞行的四架发光的飞碟。

莫斯科大学物理教授齐高率领 20 位科学家调查了这一报告。他说上述目击证人都有身份地位，也非常可靠，并非捏造。证人述说四架飞碟都有透明的塔形驾驶舱，可以看见里面驾驶员的肩部以上，四个驾驶员都是人类形状，头戴透明的太

空帽，面部严肃。飞碟低飞掠过窗外，毫无声音。每架飞碟都向地面射出一道绿色的光。

1981年8月23日晚上，莫斯科的退休医生博加特列夫，因失眠起来到厨房喝牛奶，突然看见窗外出现一个奇怪形状的像面团一般的发光的飞碟，悬浮在距他寓所仅约30米的空中。

医生吓了一跳，仔细一看，更吃惊了，那飞碟好像有眼睛一样地对他注视。突然，飞碟向他射出一道闪电般的光芒，将窗户烧了一个直径约8厘米的洞。玻璃圆片掉在地上，洞口十分光滑。

那天夜里，莫斯科有60多家的窗户被神奇的力量射熔了三个约8厘米的圆洞。博加特列夫是唯一目击飞碟如何袭击窗户玻璃的证人。

这奇特的现象引起了太空物理学家艾沙沙博士的好奇，他访问了很多证人，得知：当夜至少有17架飞碟袭击莫斯科。

让人们倍感蹊跷的，远不止以上提到的这两件事，其实，不明飞行物入侵地球的事件在美国、日本等国家都曾经发生过。我国在20世纪80年代初也曾有过不少关于飞碟的报道。这个世界上到底有没有外星人？这个问题早就引起了各国科学家的关注，这个未解之谜，有待于人类的进一步探索。

| 感悟
| ganwu

对于外星人光临地球的目的是出于好奇，还是公然的挑衅？我们无从得知。但对于人类来说，我们真诚地希望能与外星人和平相处，成为友好邻邦。这些愿望都需要热爱科学的你来实现。

蝴蝶的秘密武器

在遥远的非洲热带丛林里，生活着一种蝴蝶，这些蝴蝶高超的逃生手段堪称绝妙：即使是敌人把它们吃到嘴里，也还要乖乖地吐出来。

这是为什么呢？

原来，这种非洲蝴蝶的翅膀上均匀地分布着一些粉状物，

|感 悟|
ganwu

达尔文在《进化论》中说过："物竞天择，适者生存。"这里的非洲蝴蝶为了能在残酷、激烈的生存环境中生存，在进化中，形成了自己的"必杀技"，即翅膀上分布"强心甘"，让其他动物把它们吃到嘴里还得吐出来。看，这是多么有用的逃生术啊！

这种粉状物是白色的，是一种叫"强心甘"的化学物质。这种化合物具有强烈的刺激作用，兽类和鸟类跟这种化合物接触之后，就会感到非常难受。这时候，它们就会迫不及待地把蝴蝶吐出来，因为，它们也怕中毒呢！

非洲蝴蝶携带的强心甘是哪里来的呢？难道它一生下来就已经具备了吗？

不是这样的。非洲蝴蝶长期生活在茂密的热带丛林中，它熟悉了一种叫"苦肯菜"的植物叶子，知道这叶子能散发出非常难闻的气味，一般的鸟兽都不愿意在它身边停留。于是非洲蝴蝶在将卵孵化成幼虫之后，就强迫幼虫啃吃苦肯菜的叶子。这样，慢慢地，慢慢地，苦肯菜叶子中的强心甘成分就储存在它们的体内，一旦幼虫长大变成了蝴蝶，这种化学物质就凝聚成了它们翅膀上的白色粉状物。也就是这种味道特殊的粉状物帮助蝴蝶逃脱了敌人的一次次进攻。

怎么样，这个大千世界够神奇的吧！

玻尔巧用置换反应

1943年，著名的物理学家玻尔居住在哥本哈根，一天，有人偷偷地跑来告诉了他一个不幸的消息：德国法西斯准备对他下手了！

为了摆脱法西斯的迫害，玻尔决定马上收拾东西离开住地。忽然他看到了自己在1892年获得的诺贝尔奖章。玻尔心想：这枚奖章决不能落在法西斯的手里。可是，如果藏在身上带走，是很危险的。怎么办呢？

焦急中玻尔的眼光落在了一个试剂瓶上，瓶子里存放的是"王水"。

玻尔把金质的奖章小心地放入"试剂瓶"里，奖章在"王水"里慢慢地消失了。然后，他把这个珍贵的瓶子放在了一个不起眼的地方，随后离开了自己的祖国。

第二次世界大战结束后，玻尔得以回到自己的实验室，他拿出自己珍藏多年的小瓶子，把一块铜轻轻地放入"王水"，铜块慢慢地变小了，奇怪的是，瓶子里出现了一块黄金！

这是为什么呢？原来所谓的"王水"是一种浓酸，这种酸的腐蚀性很强，奖章放到里面的时候，浓酸将奖章溶化了，放入的铜块又将奖章从浓酸里置换了出来。

玻尔就是利用了化学上的一个化学反应——置换反应，把奖章安全地保存下来了。

蝴蝶的隐身术

1941 年 8 月，纳粹德国数十万人的军队兵临列宁格勒城下，耀武扬威地叫嚣半个月内攻下苏联这个战略要地。但是在苏联红军的顽强阻击下，德军接连发动几次疯狂进攻都没有得逞。恼羞成怒的希特勒下令调集上千架飞机，企图进行大规模的空中轰炸。但是，让希特勒始料不及的是，在他发动轰炸之前，其作战方案就已被苏军高层获悉。但是，当时苏军的防空作战能力并不强，如何对付德军轰炸一时之间成了难题。

一天清晨，苏军参谋部一位将军到野外炮兵阵地上视察，突然看到一群美丽的蝴蝶在花丛中飞来飞去，煞是好看。但因为与花朵的颜色很相似，蝴蝶在花丛中时隐时现，令人难辨其踪。这位将军看得入了神，突然灵机一动，自言自语道："有

一群飘然而至的蝴蝶影响了一场战争，成就了军事史上的一段佳话；同样，一件微不足道的小事也可能决定你的命运，成就你生命历程中的奇迹。所以我们要善于观察和思考，认真对待每一件事。

办法了，有办法了！"

依照这位将军的奇妙想法，苏军统帅部找来了蝴蝶研究专家施万维奇，要他设计一套蝴蝶式的防空迷彩伪装设施。施万维奇接受任务后，立即参照大量蝴蝶标本，开始设计伪装图案。他先后研究了几十种蝴蝶翅膀花纹与色彩的图案和构图，把保护、变形和仿造三种伪装方法结合起来，将地面上的活动目标都涂上了同地形地貌相似的多色巨大斑点迷彩，改变了外形轮廓，对固定的军事目标则用遮障法伪装，在遮障上涂上与背景相似的迷彩图案。

迷彩伪装设施研究成功后，苏军按照这个办法给列宁格勒数百个重要军事目标披上了神奇的蝴蝶式"迷彩服"。为了保卫纳粹分子急切想要炸掉的列宁墓，依照施万维奇的蝴蝶花纹伪装术，苏军在其附近用亚麻布景伪造了一幢两层楼房，巧妙地把列宁墓掩饰了起来。几天后，德国飞机开始了轰炸，但是当它们飞临列宁格勒上空时，却无法找到原来侦察好的轰炸目标，无奈之下，便胡乱投下炸弹后返航了。德军这次轰炸行动的结果可想而知。

正是因为美丽的蝴蝶，苏军才想到了蝴蝶"隐身术"；由于蝴蝶"隐身术"的巧妙伪装，德军轰炸行动才无果而终。而德军轰炸行动的失败为苏军在列宁格勒战役中取胜埋下了重要伏笔。

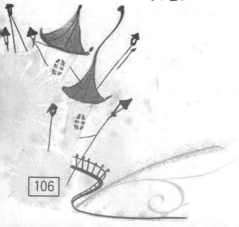

第4章

生命在于运动

　　曾经有句话这样说，如果你想健康，跑步吧！如果你想美丽，跑步吧！在一个只有运动的国度，不论肤色，不论贵贱，不论地域，只是完完全全地尽情演绎运动。那是团结与信心的代表，激越和欢乐的象征，是生命的豪情。运动的激情使我们的心远离尘嚣，远离世俗，远离战争，传达一种精神，一种信念，一种力量。

　　当欢乐穿越时空，激荡豪情无限；当梦想托起明天，拥抱生活灿烂。

一支桨也可以遨游沧海

在美国夏威夷基拉韦厄，有个小女孩非常喜欢冲浪。从小她就不停地在阳光明媚的夏威夷海岸与奔腾的浪潮搏击，但一场突如其来的灾难却差点夺去她的生命。

2003年10月31日的早晨，她和朋友一起去海湾冲浪。冲了大约半个小时后，她开始躺在冲浪板上休息，顺势把一条胳膊伸到水里玩耍。没想到在这快乐而悠闲的时刻，一条巨大的虎鲨突然从海水中蹿起，她随即感到胳膊一阵撕裂般的疼痛……当她低下头看时，身旁蔚蓝的海水早已被染成了一片血红。看着顷刻间被鲨鱼咬断的手臂，她并没有恐慌和绝望，甚至连过度的挣扎都没有，因为她一转身就会掉进海水里。她冷静地用剩下的右手努力划向岸边，而目睹这一切的朋友也迅速用一条绳子绑住她的残肢为她止血。当被救护车送到最近的医院时，她已经失血达70％，生命危在旦夕。

经过紧急的输血抢救，小女孩终于从死亡线上挣扎回来，这无异于一场噩梦过后的重生。但刚从噩梦中醒来的她却在第一时间问医生："我什么时候能再去冲浪？"医生被她的勇气所震撼，安慰她说等手臂的伤口愈合了就可以去。

几个星期后，当她胳膊上缠绕的绷带被慢慢拆开时，长长的伤口呈现出来。她的哥哥顿时脸色惨白，妈妈几乎要晕倒，她那苍老的外婆独自走出病房掩面而泣。没人愿意接受这个残酷的现实，因为这一年，她才13岁！唯独女孩自己显得异常平静。当大家都疑惑于她不合年龄的镇定时，她说了一句让所有人都震撼的话："世界上没有可以让时间倒流的机器，我无法改变现实。这就是上帝为我安排的命运，我要勇敢面对它。我期待着有一天可以重返大海。"

一个多月后，人们又在美丽的海岸看到了她的身影。她告

感悟
ganwu

女孩的乐观自信和对冲浪运动的热爱，使她在失去一只手臂后战胜了命运。是她告诉我们当命运之神折断你的一只翅膀时，请不要为已经失去的那只翅膀而懊恼不已，因为那样只会徒增烦恼，却于事无补。请记住你还有另一只翅膀，你还可以飞翔。

诉人们她还要继续冲浪，虽然人们都报以祝福的笑容，但大多数人都认为这是不可能的。冲浪是一种需要技巧和平衡的运动，一个断臂的人又如何能在翻卷的大浪中找到平衡点呢！

但事实证明她可以做到！她开始刻苦地进行恢复训练。当她再次登上冲浪板时，不一会儿就掉进了咸涩的海水里，但她马上又站起来重新登了上去……人们好心地劝她停止无谓的努力，但她坚持要继续下去，她告诉人们："我的灵魂属于冲浪，我的冲浪板就是我的生命之船，而我的双臂就是一对船桨。以前我用双桨遨游大海，现在我不小心折断了一支，但所幸我还有一支，只要有一支桨，我就可以遨游沧海。"

就这样，她一次又一次地从冲浪板上摔下来，一次又一次地登上去。终于，在漫长而刻苦的训练之后，她不但恢复了原来的冲浪水平，而且还在不断提高。一年后，她一举夺得了第15届美国冲浪锦标赛冠军。不久，她加盟国家冲浪队，准备向世界冲浪冠军的宝座发起冲击。

她对生活的积极态度和顽强的拼搏精神受到了人们的敬佩和赞赏，大家都称她为"小英雄"。她用坚定的口气一次又一次地告诉大家："当你命运之船的一支桨不幸折断时，不要灰心和绝望，因为你还有一支桨，仍然可以用另一支桨遨游沧海，到达成功的彼岸！"

突破成功之茧

钱红是国家游泳队"五朵金花"中的一员，这个身材最为瘦小的选手，如果按照某些唯"条件论"的专家的眼光看，她绝不是游泳运动中的人才。可是看上去与普通人绝无二样的钱红，却登上了世界游泳运动的顶峰，成为中国游泳界的巨人。

在1991年之前，她在12年的游泳运动生涯中，获得过30个全国冠军、50个世界冠军，但唯独没有获得过奥运会游泳钱红在奥运会创造的奇迹，是她平日苦练和赛时"为常人之所不为"的结果。游泳作为一项全身运动，需要注意的事项很多，其中，学会在水中呼吸的方法，是掌握游泳技能的主要途径之一。

冠军。在1988年的汉城奥运会上，她获得了一枚铜牌。1992年巴塞罗那奥运会是她冲击金牌的最后一搏。因为当时的钱红已过了运动生涯的巅峰，倘若再拿不到金牌，就意味着她将与奥运冠军无缘，铸成终身遗憾。

1992年7月29日，她进入了巴塞罗那奥运会女子100米蝶泳决赛。在8名参加决赛的选手中，有世界排名第一的美国选手，因而当时她并不被人看好。当决赛进行到只剩下30米时，她还排在第3位，眼看冠军又将与她失之交臂。此时，她作出一个极为大胆的决定，减少抬头换气而争取一点时间。这是他的教练冯小东后来在录像当中才发现的。她在后边采用的方法是5次划水换一口气，所有的蝶泳运动员都没有这样做过。这样做也很危险，她会因为在快速的游动中造成缺氧，而很快变得全身无力，甚至窒息。但钱红用毅力和信心赢得了比赛。她以一指的优势，抢先触壁，登上了高高的冠军领奖台，并且刷新了该项赛事的奥运会纪录。

快乐的运动者

米歇尔是一个摩托车车迷，他曾是法国摩托车队队员。多年前，他与一位中国姑娘结婚后来到中国，在中国他自筹资金组建了中国摩托车队，他亲自任队长和教练。米歇尔的队员都是一些普通的摩托车运动爱好者，许多人还是上班族，他们只能利用业余时间来进行训练。

车队组建后的第二年，也就是1998年，米歇尔和队员代表中国参加了国际摩托车大赛，有45支参赛队伍参加了本次比赛，米歇尔的车队名列倒数第一名。但是他没有灰心，比赛后他们认真总结经验，加强训练，他们的车队在2000年上升至第15名，到2001年又进入了世界前三强，在2002年和2003年则均获世界第一名。

没有雄厚的资金，没有专业的车手，在强手如云的世界摩托车队伍里，米歇尔的车队是怎样创造了这个奇迹的呢？当媒体问起米歇尔这个问题时，他并没有谈他怎样带领队员克服困难、勤学苦练之类的事迹，他只谈了一点，他说成功源于他有一个热情投入生活和工作的秘诀，那就是绝不让自己的不愉快情绪延续的时间超过5分钟。米歇尔举例说，他每次与人争吵后，马上走开独自静一静，只要过了5分钟，不论谁有理谁无理，他都会主动去赔礼道歉，同与他争吵的人重归于好，消除烦恼，重新找回快乐的心境和友好的氛围。

带着快乐的心境和执著的信念，米歇尔就这样走来了，并最终走向成功。

谦卑的乔·路易

美国著名拳王乔·路易纵横拳坛，但他平时为人十分谦和，与赛场上的勇猛顽强完全判若两人。有一次，他和朋友一起开车出游，途中因前方出现意外情况，他不得不紧急刹车。不料，后面的车因尾随太近，致使两辆车发生了轻微碰撞。后面的司机怒不可遏，他气冲冲地跳下车，指责乔·路易开车技术有问题，并开口大骂；继而在乔·路易面前挥动双拳，大有把对方一拳砸烂之势。乔·路易却自始至终除了道歉再无一语，那司机直到骂得自己没有兴趣了才扬长而去。

事后，乔·路易的朋友不解地问他："那人如此无理取闹，你为什么不让他尝尝铁拳的厉害？"乔·路易坦然地说："如果有人侮辱了帕瓦罗蒂，他是否应为对方高歌一曲呢？"

睡在球场上的乔丹

迈克尔·乔丹——NBA赛场上的篮球之神，是亿万世界球迷心目中的偶像。这个飞人在篮球之路上走来，是一路的艰辛。

乔丹17岁时就梦想将来进入NBA球队打球。当其报考NBA的高中球队时却遭到了教练的拒绝。

原因很简单，就是乔丹当时的身高只有一米七。这对于NBA来说，太低了。

面对如此坚决的教练，迈克尔后退了一步，他对教练说："你让我在这个球队练球，我不参加比赛，但是我愿意帮所有的球员拎球袋，帮他们擦汗，我不需要上场，我只要求跟球队一起练球，和他们切磋球技就可以了。"

教练被迈克尔的执著所打动，就让他和队员一起训练。乔丹坚守诺言，每次打完球他就去帮人倒水、擦汗，除了在场上练球外，他还跟自己说话。天黑了，别人都回去了，他仍然在练，仍然在心里念叨：我要长高，要超过他们。有时太累了他就睡在球场上。

有一次，早上八点清洁工整理场地的时候，看到一个黑人球员躺在地上。他醒过来说："哦，我叫迈克尔·乔丹，我昨天晚上在这里练球太累了，就睡在球场上了。"就这样，迈克尔·乔丹不只跟球队一起练球，球队训练结束以后他还一个人继续练球。就这样历经三年，乔丹高中毕业的时候去考大学球队，终被录取。

通过自己的努力，加上一个好的环境，乔丹最终成了NBA的飞人。

吃 苦 冠 军

陈中于1982年11月22日出生于河南焦作市。这位被称为跆拳道运动中的战神女孩，在上小学时，就开始显现出某些与众不同之处。

陈中身体素质很好，在小学，上体育课时体育老师让她在操场跑步，她可能坚持呢，每次跑完以后还到体校去锻炼。

1995年的一天，13岁的陈中和往常一样在篮球场上训练，篮球场边有一位北京来的教练，叫陈立人，他来到焦作是为了选拔即将组建的国家跆拳道队队员。在这群孩子当中，陈立人的眼睛一直盯着一个人，那就是陈中。

陈立人教练发现陈中拼抢的能力比较强，另外她的爆发力也比一般人要好。于是他上前问陈中怕不怕吃苦，陈中很直截了当地跟陈教练说什么苦都能吃。

陈中就这样在北京开始了跆拳道训练。那时候，即使是教练们也不知道应该怎样进行科学的技能训练，他们只是看过一些韩国跆拳道训练的录像带，就照猫画虎开练了。训练吃苦精神是重中之重。一般的训练动作，陈中一天也要踢1000多次。跆拳道主要技术都集中在腿上，举杠铃和压腿是每天必须做的项目。教练要求在一星期的时间内把韧带拉开，两腿要能劈叉成"一"字形，而通常这种训练正常的进度为3个月。那段时间，陈中天天流着眼泪拉韧带，吃尽了苦头。

另一项让陈中感到痛苦的是长跑，不管刮风下雨还是下雪，她都要坚持每天跑完1万米。无论陈中有怎样的心理准备，也没有想到吃苦这个词的内涵，她不止一次地在地上爬，去完成教练安排的任务。当时很多队员没有爬下来，但陈中却坚持了下来，直到成为世界冠军。

人生路上的马拉松

有一对中年夫妇，他们相敬如宾，生活充满快乐，他们决定白头偕老。

然而不幸的事悄悄降临了，中年妇女的丈夫舍她先走了。中年妇女一下子觉得生活很混乱，不知道方向在哪里。

感悟
ganwu

在跆拳道比赛中，运动员表现出的爆发力和霸气常常让我们惊叹不已，但是每场精彩比赛的背后凝聚的是陈中及跆拳道运动员们的辛勤汗水。辉煌成绩的取得，源于刻苦勤奋的训练。

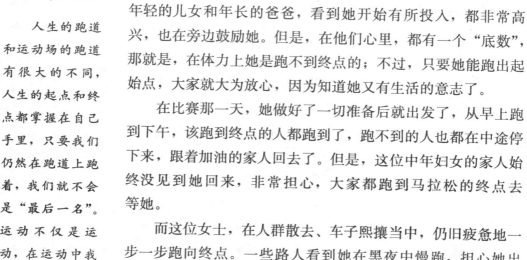

有一天，她看到有人在练习马拉松，不知为什么，她的一根细小的神经动了一下，接下来，她开始做了第一件丈夫死后有"生气"的事情。

她穿上运动衣，系好球鞋鞋带，也开始去参加马拉松。她年轻的儿女和年长的爸爸，看到她开始有所投入，都非常高兴，也在旁边鼓励她。但是，在他们心里，都有一个"底数"，那就是，在体力上她是跑不到终点的；不过，只要她能跑出起始点，大家就大为放心，因为知道她又有生活的意志了。

在比赛那一天，她做好了一切准备后就出发了，从早上跑到下午，该跑到终点的人都跑到了，跑不到的人也都在中途停下来，跟着加油的家人回去了。但是，这位中年妇女的家人始终没见到她回来，非常担心，大家都跑到马拉松的终点去等她。

而这位女士，在人群散去、车子熙攘当中，仍旧疲惫地一步一步跑向终点。一些路人看到她在黑夜中慢跑，担心她出事，也惊于她这种"不识时务的固执"，便打电话到电视台去。

结果，当她"不成人形"地跑向终点时，她的家人、电视台记者和一群好奇的人，全都在另一头替她加油和欢呼。

在这个中年妇女的丈夫离去时，她感觉她人生的终点已经到达了，她不想再跑，因为她失去了伴侣。但是，她又和大伙一起开始了人生马拉松，她又开始跑上了她剩下的路程，也开始体会和接受：那虽是她丈夫的终点，却不是她的终点。而她，一定要跑到自己生命的终点。不论那段路程是多么的孤单、多么的黑暗、多么的危险。这位女士虽然是"最后一名"，却是"人生马拉松"上的"第一名"。

"篮球"装在"桃篮"中

篮球是一项世界各个角落都普及的运动，但是你知道篮球

运动是如何发明的吗？关于篮球的发明有这样一个故事，讲这个故事时我们要提到一个叫詹姆斯·奈史密斯的人。

詹姆斯·奈史密斯博士是一位美国马萨诸塞YMCA国际训练学校的教师。为了消除学生们上冬季体育训练课所产生的厌烦情绪，一天，奈史密斯博士想出了一个游戏。

奈史密斯博士让清洁工人买来装球的篮子——本来他是让工人买纸箱子的，但是纸箱子没有找到，他们倒拿回了装桃子的篮子。

真是"歪打正着"，因为用桃木编的篮子，比纸箱子结实多了。即使学生们投篮时用力了一些，也不会坏掉。本来詹姆斯老师想把纸箱放在地上，活像两个立起来的足球球门。现在用桃篮子了，他们就可以把篮子钉在墙上。

奈史密斯博士要求学生们用手传递——不能用脚踢、用拳打、用头顶，也不能抱着球满场乱跑；不能有不文明的动作——不能拉扯对方，不能绊对方；谁把球准确地投到篮中的次数越多，谁就是胜利者。

学生们都积极地参与了这个游戏。

这次试验非常成功，学生们对这种游戏形式非常感兴趣。后来，连一些没有课的老师也加入到比赛中来了。

大家回到家，都兴致勃勃地向家人好友推荐和介绍这种别致的运动。于是一传十，十传百，成了全国皆知的秘密。后来还传到了外国，所到之处，无不风靡。

篮球后来成了美国的国球。美国YMCA国际训练学校所在地——斯普林菲尔德市，成了篮球运动的圣地。

爬 到 极 点

传说以前有一位印第安酋长，他惯于用比赛来考验部落中的年轻士兵。有一次，他选出四位杰出的青年，准备让他们担

| 感 悟 |
ganwu

很多的运动原来都源于一种游戏，后来由于制定了严格的规则，逐渐成为了一种正规的体育项目。但是不管如何变化，体育带给人们的乐趣是始终不变的。

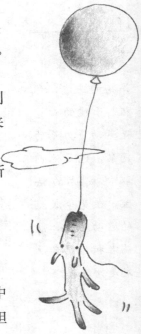

感悟
ganwu

爬山不仅仅是为了拥有到达终点的喜悦，带回那些象征着胜利的东西，最重要的是别忽略那些沿途的风景。把攀登作为一种快乐，一种欣赏，即使脚破了皮又有什么关系呢？

任要职，但在这之前，酋长要对他们进行一次考核。这天酋长把他们叫到跟前对他们说："我要你们爬山去，爬到自己气力、能耐的极点，然后从山上取来一样东西作为证物。"

翌日清晨，四位强壮的印第安青年同时出发上山。半天过后，第一位归来了，他手握一枝针枞，显示他爬到的高度；不久第二位也回来了，他带回一枝松木；又过不久，第三位抱着一种生长于高山的灌木报到。踏着皎洁的月色，第四位终于踉跄而归，他显然筋疲力尽，双脚也被尖石划伤了。

"你带来什么？爬到多高？"酋长没见他有东西交到自己手中就问道。

"我到达的地方，没有针枞，没有松木，也没有灌木可供遮蔽，只有石头、山雪和荒野。我的脚受伤破了皮，浑身疲惫不堪，但是——"第四位青年双眼发亮起来，"我见到了大海！"

专心才能获胜

感悟
ganwu

在比赛中，昂扬的斗志，积极、乐观的心态是运动员力量的源泉，也是他们取得成功的法宝，在竞争激烈的运动场上，怯懦者和悲观者注定是失败者。

青蛙王国准备组织一场攀爬比赛，比赛的那一天，全国各地的高手云集在赛场。这次比赛的终点是一个非常高的铁塔顶。比赛开始了，青蛙选手们奋力往上爬，塔下是一大群青蛙围着看比赛，给它们加油。但铁塔太高了，塔下的青蛙们都不相信这些小小的青蛙会到达塔顶，并很真诚地劝告："这太难了！肯定到不了塔顶！""它们绝不可能成功的，塔太高了！"听到这些劝告的青蛙，一只接一只地开始泄气了，除了那些情绪高涨的几只还在往上爬外，大多退出了比赛。最后，只剩下一只越爬越高，一点没有放弃的意思，它费了很大的劲，终于成为唯一一只到达塔顶的胜利者。

其他的青蛙都想知道它是怎么成功的，于是走到这个胜利者跟前一问才发现：这只青蛙是个聋子！

规则的重要性

动物王国要招一个内阁大臣，国王决定采取公开招聘的办法确定由谁来当。

招聘的通知发出以后，动物们纷纷报名。经过层层筛选，黄牛、狐狸、老鼠胜出，进入最后的选拔程序。这三名动物各有所长，都身手不凡。黄牛力大无穷，且忠心耿耿；狐狸聪明绝顶，行动敏捷；老鼠十分机警，并善于打洞。总之，三位都是动物中的佼佼者，谁都有能力胜任这一职。然而，名额只有一个，最后只能采取公平竞争的方式进行淘汰。

最后的选拔采取现场比赛的办法。比赛的内容是：三名竞聘者从山底出发奔向山顶那棵老松树，要求沿着山间那条羊肠小道奔向目标。这条羊肠小道弯弯曲曲，是很难走的道。

比赛开始了，它们立即行动。狐狸沿着羊肠小道飞奔一阵后，心想，这条路那么难走，我为什么不找一条通向山顶老松树的捷径呢。狐狸向四周望了望，没有看到其他动物，于是，它迅速离开羊肠小道，沿着一条捷径奔向山顶。老鼠沿着羊肠小道跑了一阵后，也想，傻瓜才按规定的路线跑呢，反正现在又没别的动物看见我。于是老鼠很熟练地钻进路旁的一个地洞，这洞直通山顶。黄牛则不然，黄牛也能找到通往山顶的捷径，但它想，比赛规定是沿羊肠小道奔向山顶，如果走捷径那就是欺诈行为，而黄牛的处世原则是不欺诈。这个原则，黄牛在任何时候都不会放弃。

老鼠第一个到达老松树下，它的脸上露出得意的微笑，好像是在说，"瞧，我赢了"。狐狸第二个到达目的地，它看到老鼠先到了，脸上露出不服气的神情。黄牛最后一个到达山顶，它看了看先到的老鼠和狐狸，心里很平静，它早已料到了这一

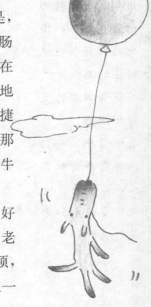

结果。

国王早已等候在山顶。三名动物到达山顶后，它宣布比赛结果：黄牛胜利，内阁大臣由黄牛担任。

大家对此结果感到莫名其妙。

明明是黄牛落在后面，怎么能认定它赢了呢？

老鼠、狐狸都表示不服，在国王面前要讨个说法。

只见国王不紧不慢地说："这次比赛是规则测试，考的是谁能遵守规则，规则比速度更重要，你们懂吗？"

闻听此言，狐狸和老鼠后悔莫及，可一切都已经晚了。

最后的 8 秒钟

感悟
ganwu

由于保加利亚队的出乎意料之举，我们才欣赏到了一场精彩的篮球比赛，僵化的脑筋和拒绝转换的思维方式将扼杀体育的生机和活力。在体育运动中，我们同样需要创新思维，其目的是追求体育那更加完美的境界。

在一次欧洲篮球锦标赛上，保加利亚队与捷克斯洛伐克队相遇。两个球队的比赛异常激烈，当比赛只剩下 8 秒钟的时候，保加利亚队以两分优势领先。

赛场上显得非常的紧张，观众们都为两个队捏了一把汗。一般说来，这时的保加利亚队是稳操胜券的。然而，根据那次比赛的循环制规则，保加利亚队必须赢得 5 分以上才能出线。可是，时间只剩下 8 秒钟了，在剩下的 8 秒钟赢得 3 分，又是谈何容易！

这时，保加利亚队教练突然请求暂停，观众对保加利亚队已经不抱太大的希望。

让人意想不到的是，暂停结束后的比赛场上却出现了令全场观众目瞪口呆的场面：保加利亚队的队员突然运球向自家篮下跑去，并迅速起跳投篮，球应声入网。

此时，全场比赛时间到，裁判只好宣布，双方战平，须进行加时赛。刹那间，全场观众掌声雷动——保加利亚队以出人意料之举，为自己创造了一次起死回生的机会！

结果，在加时赛中，保加利亚队净赢 6 分，幸运出线。

好沉的接力棒

现在我们所熟悉的接力赛运动，早期的时候可与现在完全不同！它既是一项比赛，又是一项民间的风俗活动。

以前，在非洲几内亚湾的班达漠河口，居住着一些非常爱好和平的居民，他们生活富足，文化发达。在当地过节时，他们都要举行比赛，他们有一个传统的比赛项目——传递水坛比赛。

比赛时，双方队员各拿一个空坛子，听到"开始"的号令后，马上后背对着后背，各自奔向离他们站立的地方50米远的大水坛。他们需要将大水坛的水灌进自己的空坛子中，然后带着坛子跑回到原来的位置，将水倒进身边的空缸中。最后将空坛子传给下一个队员，再重复这一系列的动作。看哪个队先将50米远处水坛的水倒换到队伍这边的缸中，哪个队就是最终的胜利者。

在奔跑的途中还要注意，不能把水洒出来，否则就是犯规。累计犯规3次，就算自动认输。所以队员都非常小心，不会因为速度而牺牲比赛的最后胜利。

后来，这项充满了乐趣的游戏很快在欧洲传播开来，并最终发展成为今天的接力赛运动，受到人们的热烈欢迎。

除掉失败的意念

卡尔·华伦达是美国伟大的高空杂技家，称得上是华伦达家族中最出类拔萃的人物。讲到高空绳索特技，卡尔·华伦达绝对是首屈一指的高手。在他的脑海里，从来没有"失败"两个字。他一生中就提过"失败"这个词一次，然而就在这次他从钢丝上掉下来，永远离开了自己酷爱的事业。

那是 1978 年，卡尔·华伦达在波多黎各表演时，从 75 尺高的钢丝上掉下来摔死了。这令人不可思议。后来，华伦达太太说出了原因。在表演的前 3 个月，华伦达就开始怀疑自己"这次可能掉下去"。他时常问太太："万一掉下去怎么办？"在比赛时他花了很多精神在避免掉下来，而不是用心走钢丝，最终他失败了。

把你的心从竿上撑过去

有一位撑竿跳选手，他对自己要求很严格，他经常对自己说："我一定要超越一个高度。"可是每一次他都无法越过去，尽管他已经尽力。

一天，他失望地对教练说："我实在是跳不过去。"教练问："你心里在想什么？"他说："我一冲到起跳线时，看到那个高度，就觉得我跳不过去。"

教练鼓励他："你一定可以跳过去。把你的心从竿上撑过去，你的身子就一定会跟着过去。"

从那以后这个选手苦练跳竿，他练的时候也常常想到教练的话，他自己也真的这么做了，后来他果然一跃而过。

拳手的较量

阿里有着睿智的头脑和运动员的天赋，他作为天才的拳击手击败了所有的对手，是人们尊敬和佩服的拳王。

1975 年 9 月 30 日，阿里与另一拳坛猛将弗雷泽进行较量。在进行到第 14 回合时阿里已经精疲力竭，濒临崩溃的边缘，这个时候，就是一片羽毛落在他身上也能让他轰然倒地。

然而，他拼着命坚持着，不肯放弃。因为他心里清楚，对方和自己一样，也是有气无力了。比赛到了这个地步，与其说在比气力，不如说在比意志，就看谁能比对方多坚持一会儿了。此时如果在精神上压倒对方，就有胜出的可能。

于是他竭力保持着坚毅的表情和誓不低头的气势，双目如电。弗雷泽看到阿里的目光便不寒而栗，以为阿里体力依然充沛。这样一来，弗雷泽就在心理上输了，并因此加速了他体力上的崩溃，于是很快就表示甘拜下风。

当裁判宣布阿里获胜时，这时的阿里却眼前漆黑，双腿无力地跪在了地上。弗雷泽见此情景，如遭雷击，他追悔莫及，并为此抱憾终生。

小学生的发明

理查德·福斯贝里是美国著名男子跳高运动员，背越式跳高技术的创造者。

福斯贝里 1947 年 3 月 6 日出生于美国的波特兰。他一直梦想着成为世界上跳得最高的人。

上学时，有一次上体育课，淘气的福斯贝里被老师叫到了前面。老师知道这个顽皮的孩子肯定没有复习他教授的跳高动作要领，所以成心想趁这个机会，好好"教训"他一下。

福斯贝里确实将动作的要领全忘了。他面对着全体同学，背对着高高的横杆，眼看就要急得哭起来了。但是他又是个天生顽强的人，不肯承认自己不行，所以，他想都没想，就地腾空，在空中划过一条优美的曲线后，稳稳地跨过了横杆，躺卧在松软的海绵垫子上。虽然他落地以后的姿势不是很优雅，但关键是他跨过去了，而且特别稳，那平时像施了魔法总要晃动着掉下的横杆，这次却没有动一下。

同学们看得目瞪口呆，而体育老师是个特别有心的人，他没有责备福斯贝里的动作是"胡编乱造"或者"异想天开"，而是鼓励他，表扬他的勇敢和创新精神。更让福斯贝里没有想

感 悟
gɑnwu

一个动作，使名不见经传的福斯贝里一夜之间就举世闻名了，这既是他的幸运，更是他的实力。福斯贝里的这一跳充分展示了体育的创新之美。

到的是，这位体育老师，看出了他的运动天赋，总是单独指导他的动作，帮助他建立良好的体育习惯。16岁时，福斯贝里已经能用他自己创造的姿势，轻松跃过1.6米的高度了。

1968年10月，福斯贝里参加了在墨西哥城举行的第19届奥运会，奥运会跳高比赛的奖牌争夺得异常激烈。各国的好手都使出浑身解数，向着历史纪录的极限挑战。轮到美国选手福斯贝里试跳了，只见他胸有成竹地在横杆前助跑，然后一个圆弧就稳稳落地。横杆2.24米的高度，就被他轻松跨过了！人群沸腾了，为他的成绩，为他的动作。

福斯贝里这一跳，虽然还不敌当时的世界纪录，但是，他已经打破了奥运会纪录——由上届获得金牌的苏联选手布鲁梅尔创造的2.18米的成绩。

不带一点怒气作战

感悟 gǎnwù

一流的剑术通常是心态的修炼，因为心态的修炼要难于剑术的修炼。情绪不能自控一旦成了习惯，就会使人精神错乱，更谈不上取胜之道。

欧玛尔是英国历史上唯一留名至今的剑手。他有一个与他势均力敌的敌手，同他斗了三十年仍不分胜负。在一次决斗中，敌手从马上摔下来，欧玛尔持剑跳到他身上，一秒钟内就可以杀死他。

但敌手这时做了一件事——向他脸上吐了一口唾沫。欧玛尔停住了，对敌手说："咱们明天再打。"敌手糊涂了。

欧玛尔说："三十年来我一直在修炼自己，让自己不带一点儿怒气作战，所以我才能常胜不败。刚才你吐我的瞬间我动了怒气，这时杀死你，我就再也找不到胜利的感觉了。所以，我们只能明天重新开始。"

这场争斗永远也不会开始了，因为那个敌手从此变成了他的学生，他也想学会不带一点儿怒气作战。

许海峰的成功之路

1957 年 8 月 10 日，许海峰出生在福建漳州市，许海峰从小就是邻居们公认的"弹弓大王"，一个晚上能打 200 多只麻雀。许海峰 15 岁那年，他随父亲举家返回安徽原籍，落户在和县新桥镇。

他从小就是个心灵手巧的孩子。小的时候他到一个同学家里，同学的父亲在补鞋，他回来就买了锥子学补鞋。还有一次许海峰叫他爸爸给他买一套理发工具，要给两个弟弟理发。

许海峰小时候的最大愿望是能穿上军装，1974 年高中毕业以后的许海峰，准备应征入伍，当时体检也合格了，而且各方面条件非常好，最后由于他年龄小了 8 个月，希望落空了。当时许海峰一再求他父亲去和负责人员说一说，可是他父亲给他的回答是："你有本事靠你自己，不要靠老子。"就这么一句话，刺激得许海峰从此以后不管做任何事，都十分努力，都要自己做好，不再靠家里。

1975 年，18 岁的许海峰下乡到螺百公社当知青，当时他还梦想着有一天能穿上军装，然而最后却又因超龄 4 个月使他的从军之梦彻底破灭。一气之下，许海峰用积攒下来的几十块钱买了一支气枪，打枪从此成了他劳动之余最大的乐趣。22 岁那年，他代表巢湖地区参加安徽省第 4 届运动会射击比赛，一人得了 8 枚金牌，但是省射击队却以年龄偏大为由把他拒之门外。1979 年秋天，许海峰招工回城，到新桥供销社当了一名营业员。他工作兢兢业业，勤勤恳恳，仅降低损耗一项，每年就能给国家节约五千块钱。

1982 年，安徽省举行第 5 届运动会，省体委又想起了上届冠军许海峰，在这届运动会上，许海峰不仅再次夺得冠军，而且把省纪录提高了 26 环。省射击队再也不能无视这个射击天

才的存在了。1982年，许海峰离开新桥供销社，到安徽省射击队参加集训，开始了真正的射击生涯。

许海峰说："因为我生在农村，除非是没给我机会，给我机会我一定能够成功，所以最后当我有从事我最喜爱的射击运动的机会时，经过努力，就成功了。"

球杆见证夺冠路

被英国媒体称作"东方之星"的丁俊晖，性格内向、好强，是个外柔内刚的孩子，非常适合台球运动。他8岁半接触台球，13岁获得亚洲邀请赛季军，从此"神童"的称号不胫而走。对于丁俊晖这样一个"手艺人"来说，工具的更新见证了技术的升级，丁俊晖至今一共更换了4根球杆，一路走来，球杆见证了丁俊晖的夺冠路。

第一杆：神速　从宜兴到东莞

"第一根杆是我8岁时爸爸买给我的，挺便宜的。"很难想象一个整天抱着比自己还要高的球杆的小孩该是什么样子，但可以想象宜兴当地台球高手输给小孩丁俊晖时的惊讶表情。每天10小时以上的"工作"强度，没多久丁俊晖的第一根杆就以开裂告老，于是在南下东莞前，丁俊晖又得到了一根新杆，这次的贵多了。

第二杆：清苦　从东莞到釜山

初到东莞，为了让儿子能够尽量多休息，父亲丁文钧就在球房的一角，用一块三合板隔出了一个三角空间，每天练完球，父子俩就蜷在里面的一张铺上睡觉。没有外来的经济支持，一切花费全是父亲的积蓄。"当时赢比赛的动力很大一部分是为了给家里挣钱。在广州的一次比赛上，我得了冠军，拿了2.6万元人民币的奖金，我自豪地对爸爸说：'儿子能赚钱让你们好好养老了。'"在丁文钧眼里，那段南下的日子是最为

艰苦的，但也正是在那段时间，丁俊晖球艺大进，接连获得了许多奖项。

第三杆：冲突　从釜山到英国

获得了世界青年冠军，就拥有了转成职业选手的资格，但由于丁俊晖当时不满 16 岁，"转正"还得等一等，但没想到这一等竟等来了"非典"。在 2003 年长达三个月的时间里，丁俊晖基本处于没有比赛可打的尴尬境地，为了让丁俊晖保持状态，丁文钧"逼"他每天长时间地进行乏味的练习，同时，还把儿子最为钟爱的游戏机没收了。父子间第一次爆发了冲突。"那个时候我知道孩子快崩溃了，但台球不练是不行的。"

2003 年下半年，丁俊晖如约"转正"成功，跻身世界 12 强，去英国打上了世界台球职业巡回赛，获得了 4 万英镑的年收入。"对手全是排名比自己高的，一个月打下来输的次数几乎赶上了以前好几年一共输的，也没人能说说话，所以老想家了。"英国的情况比丁俊晖想的还要糟，身边没有了一直照顾他的父亲，再加上语言不过关，使他在刚到英国的日子举步维艰。"输得多了就无所谓了，放开了打，现在被我甩在身后的也有几十人了。"作为台球职业联赛历史上最年轻的选手，丁俊晖一直在用自己的心态和成绩去征服对手。"现在彼德·艾伯顿（曾经世界排名第 8 的英格兰球手）会邀请我去他的台球俱乐部玩，泰国名将瓦塔纳也时常光顾那里。去年底，艾伯顿还建议我定制了一根球杆，200 英镑呢，但的确挺好用的。"

第四杆：渴望　从英国到北京

现在，丁俊晖正是用他的第四根球杆获得中国公开赛冠军的。"每次换杆我的成绩都能提高。"虽然丁俊晖渴望能在本土打败世界第一奥沙利文，但因为后者的缺席没能实现，但他马上就要回到英国继续参加职业巡回赛，击败奥沙利文有的是机会，"再给我 3 年时间，我一定能进入世界前 10。"

如今，丁俊晖已经实现了他的愿望，2013 年 2 月之前，丁

俊晖世界排名第7。

第一个奥运冠军

感悟
gǎnwù

科莱巴作为奥运会的第一个冠军获得者，永载史册，值得人们永远尊敬。冠军意味着胜利、光荣和梦想，不管时间如何洗涤和冲刷，冠军的光环永远熠熠生辉，放出耀眼的光芒。

科莱巴是古代奥运会第一个冠军获得者。科莱巴小时候就显露了出众的跑步能力。长大后的科莱巴希望能发挥自己的特长，于是朋友们都建议他去参加即将举行的第一届奥运会，因为第一届奥运会就设一个项目，那就是赛跑，那是人类所有运动最基础的项目。

科莱巴很想去参加奥运会，他为此作了准备，经过几个月的训练后，科莱巴终于同其他选手一起在奥运会田径场上准备比赛了。赛跑之前，先要决定组次，运动员争先恐后地奔向一个铜制的签筒，那里面放着二十个用贝壳做的"签子"，每只贝壳上刻着一个希腊字母，根据运动员抽签标明的签次分道次来进行比赛。科莱巴抽的是 β 签。

比赛开始，发令员一声令下，选手们一齐"嗖"地猛冲了出去，犹如一束箭镞，疾驰而去。看台上，助威的呐喊声，轰然而起，比赛进入激烈争夺的最后时刻了！眼看快到终点了，本来稍落后的科莱巴，猛然鼓足了劲，用力摆动双臂，"噔噔噔"几步疾跑，以一步的优势，抢先到达终点。这真是万万没有想到的事，厨师科莱巴不仅在烹调上有高超的技艺，在跑道上还是个圣手呢！这出人意料的比赛结果，使观众几乎为之疯狂了！

人们长久地高喊着科莱巴的名字。为了纪念人类史上第一个橄榄冠的获得者，人们在阿尔菲斯河岸的花岗岩石柱上刻下了这位胜利者的名字，使后人永久参拜。

不要跑在别人后面

有一个叫理查·派迪的赛车选手，他在事业上取得很大的成功，他的母亲对他的成功影响很大。理查·派迪第一次参加赛车比赛时取得了很好的成绩，他非常激动，回来准备向母亲说这个好消息。

"妈！"他冲进家门叫道，"我今天参加比赛了，我跑第二。"

"你输了！"他母亲回答道。

妈妈的回答出乎理查·派迪的意料，他抗议道："您不认为我第一次就拿个第二是很好的事吗？特别是这么多人参加比赛。"

"理查！"她严厉地说道，"你用不着跑在任何人后面！"

妈妈的话虽然简短，但却被理查永远记住了！接下来的20年中，理查·派迪称霸赛车界。他的许多项纪录到今天还保持着，是运动史上赢得奖金最多的赛车选手。

感悟
gǎnwù

赛车是年轻人喜爱的运动，在激烈的追逐中，我们体会到速度的魅力，让我们时时关注对手，不落于他人之后。

给自己贴上光明的标签

在第25届世乒赛时，有一个戏剧性的情节：中国选手容国团战胜自己的队友杨瑞华。杨瑞华则大胜匈牙利老将西多，这不是偶然获胜，而是每战必克，被称为西多的克星。西多则每战必胜容国团，不是偶胜，而是常胜，他被称为容国团夺冠的拦路虎。很多人预测，男单冠军必属西多无疑。可是，最后的结果却相反，容国团为我国体育界夺得了第一个乒乓球世界冠军。这是为什么？中国队采取了什么战术？

原来在比赛第一局结束后，教练傅其芳不再指挥，而由队员杨瑞华临时充当教练，指导容国团。杨瑞华时而比划动作，时而侧目西多，眼中充满火药味。西多见杨瑞华为容国团面授机宜，浑身觉得不自在，心里直发憷。他双眼直盯杨瑞华，自己的教练讲了什么都未能听进去，一副忧心忡忡的样子。第二局开场后，西多步伐错乱，连连失误，容国团却士气大振，越战越勇，最后，容国团直落3局，以3比1捧回金杯。

本来稳操胜券的西多意外地输了。他输给的不是对手，而是自己。他看到自己的克星杨瑞华面授机宜，以为自己的弱点被对方抓住了，心中没了底气。可以说，在第二局开场前他就在自己的心里贴上了失败的标签，因此在那时他就输了。

君子之争

杰西·欧文斯创造了跳远8.06米的纪录，并保持了24年。他在1936年奥运会上荣获4枚金牌，被誉为世界上最伟大的运动员之一。杰西·欧文斯成功的背后有一个很感人的故事。

1936年的柏林，希特勒对12万名观众宣布奥运会开幕。他要借世人瞩目的奥运会，证明雅利安人种的优越。

当时田径赛的最佳选手是美国的杰西·欧文斯。但德国有一位跳远项目的王牌选手鲁兹·朗，希特勒要他击败黑人杰西·欧文斯，以证明他的种族优越论。

杰西·欧文斯参加了4个项目的角逐：100米、200米，4×100米接力和跳远。跳远是他的第一项比赛。

比赛那天，希特勒亲临现场观战。鲁兹·朗顺利进入决

赛。杰西·欧文斯那天表现得有点紧张，第一次跳，他的脚超过跳板犯规；第二次他为了保险起见从跳板后起跳，结果跳出了从未有过的坏成绩。

他一再试跑，不敢进行最后的一跃。此时，希特勒起身离场。

在希特勒退场的同时，一个瘦削、有着湛蓝眼睛的德国运动员走近欧文斯，他用生硬的英语介绍自己。其实他不用自我介绍，没人不认识他——鲁兹·朗。

鲁兹·朗结结巴巴的英文和露齿的笑容，松弛了杰西·欧文斯全身紧绷的神经。鲁兹·朗告诉杰西·欧文斯，最重要的是取得决赛的资格……在鲁兹·朗的交谈中，杰西·欧文斯感到很轻松，他稳定了自己的情绪进入比赛，最后他几乎破了奥运纪录。几天后的决赛，鲁兹·朗破了世界纪录，但随后杰西·欧文斯又以微弱的优势战胜了他。

贵宾席上的希特勒脸色铁青，看台上情绪激昂的观众陷入沉静。场中，鲁兹·朗跑到杰西·欧文斯站的地方，把他拉到聚集着12万德国人的看台前，举起他的手高声喊道："杰西·欧文斯！杰西·欧文斯！"看台上经过一阵难挨的沉默后，忽然齐声爆发："杰西·欧文斯！杰西·欧文斯！"杰西·欧文斯举起另一只手来答谢。

等观众安静下来后，杰西·欧文斯举起鲁兹·朗的手朝向天空，声嘶力竭地喊道："鲁兹·朗！鲁兹·朗！"全场观众也同声响应："鲁兹·朗！鲁兹·朗！"选手和观众都沉浸在君子之争的感动之中。

勇往直前的"超级丹"

感悟
ganwu

哭过，笑过，奋斗过，才无愧于飞扬的青春；跑过，跳过，努力过，才能让生命在运动中精彩。我们是一个个勇往直前的小花芽儿，在浸透了奋斗的泪泉和追寻的风雨后，才会开出明艳的花。

　　林丹出生于龙岩市上杭县。5 岁的时候，他第一次看到了羽毛球，一下子就被吸引住了，好像是找到了一种对味的感觉。很快，他进了培训班。但因为是业余班，其实更多时候是在玩儿。

　　1992 年，9 岁的林丹顺利进入福建省体校。刚进学校的那年冬天，一向怕冷的他很不习惯宿舍的生活。爸爸妈妈把他安顿好走后，他就开始哭，几乎天天都要哭上一场。甚至有时在训练的时候，练着练着想家了，他就会哭起来。这时候教练就会让他先站在一边，哭完了再练。训练完了，回到宿舍，他常常独自一人发呆，不知不觉中又开始哭起来。

　　刚到体校的时候，从小没有离开过父母的林丹根本没有照顾自己的能力，衣服不知道换，床铺不知道怎么整理，更别说换洗床单枕套了，整个人都邋邋遢遢的。

　　在挺过了最初的适应期后，林丹不服输、自尊心强的特点便显现出来。很快，他学会了换衣服、洗床单，独立生活的能力明显增强，在训练中更是特别要强。他妈妈说，有一次，他发烧打点滴，却不愿耽误训练，没有向教练请假，从医院回来便投入到训练中。

　　1995 年，在全国青少年比赛中，林丹获得了男单冠军，之后就进入了解放军队。1997 年，他随解放军队到南日岛体验部队生活。在那里，他们这些专业羽毛球选手每天要跟部队官兵一起出操、站岗、在大太阳底下站几十分钟、夜间紧急集合等。除了操练，他们还要跟部队战士同吃同住。在解放军队训练的时候，大家总觉得伙食不好，挑来挑去的。到了这里，吃饭的时候都看不到肉。有一次，林丹跟连长、班长几个人一

起吃饭，一个盘子里只有几条小咸鱼，他上去就夹了两条放到自己碗里吃，班长后来质问他："知道什么叫'看菜吃饭'吗？旁边还坐着连长呢！"刚去部队的时候，林丹要洗澡，就问澡堂在哪儿，几点有热水。班长告诉他这里洗澡不用热水。结果在部队的 20 天，他只洗了 3 次澡，也就是用凉水冲一下便赶快穿上衣服。

经过那段时间在部队的锻炼，林丹充分感受到了军人的不易，体会到了军人的可贵可敬，也平添了他身为军人的责任感和自豪感，这种感情后来在他得胜后的标志性动作——行军礼中得到了充分的释放。

2002 年 8 月 22 日，不满 19 岁的林丹竟登上国际羽联排名第一的位置，尽管保持的时间仅有一周。自 2002 年首夺公开赛冠军起，他在世界羽联超级系列赛和各项国际大赛中获得大量冠军，从 2004 年到 2008 年长时间占据男单世界排名第一的宝座，被世界羽联和媒体称为"超级丹"。北京时间 2012 年 8 月 5 日 20 时，林丹成功卫冕奥运羽毛球男单金牌，成为史上首位两夺男单奥运金牌的羽毛球选手。

愉快的棒球

瑞安的父亲小时候不喜欢棒球，因为他老失败，长大后，他学会了欣赏棒球赛，甚至还成了当地棒球队的球迷，可是他不把太大的希望放在棒球上。

当儿子瑞安八岁时，他希望学会打棒球，于是父亲为他在一个棒球训练俱乐部报了名。

儿子第一次训练的时候，父亲在看台上坐立不安。"老天爷，别让瑞安像我似的老是失败。"父亲想着。"加油！孩子！"父亲大声呐喊着。自动捡球机的手臂举了起来，然后，球扔了

出来，瑞安使劲一击，没击中；捡球机的手臂又举起来了，瑞安又使劲一击，还是错过了。扔球，击球，错过；再扔，击球，再错过……一遍又一遍。唯一和父亲小时候不同的是：现在瑞安有了自动捡球机，不会像父亲小时候的捡球人那样时不时地说两句俏皮话来取笑他。

瑞安甚至一次都没有击中扔过来的球。训练结束后，父亲已作好心理准备——走到父亲身边的小家伙将会神情沮丧。可出乎父亲意料，他竟然满面春风地回来了。

"爸爸，我要一杯冰淇淋。"

"好的。"父亲边走边说，心想，他倒是自我感觉良好。也许下次他会有进步的，毕竟还有整整一季的时间呢！

然而，瑞安还是老样子。一次又一次的训练过去了，他不断地错过击球机会。在他这个初级班里，每一轮，每个孩子都有五次机会。瑞安却一次又一次地失误，没有击中过任何一个球。父亲本来试图鼓励他，但一看见那些丢失的机会，父亲就心怀惋惜，打不起精神。有一些球看起来差之毫厘，可惜还是错过了。"打得不错。"父亲努力做出乐观的样子。"谢谢爸爸。"他仍然满面笑容。

每当瑞安击球时，父亲便开始在外面不安地走动。他每错过一个球，父亲都感觉是自己没击中。然而，每一次轮到瑞安时，他总是高高兴兴地从休息处走出来，和同学们一起继续挥棒训练。他就不怕同学笑话吗？父亲一直希望儿子自己说出不想参加了，但小家伙从不言放弃。

一个春日，当儿子还是一无所获地完成了他那几棒，到他妈妈这里来喝水时，"有几棒打得很好喔！"他妈妈说，摸摸他的头发。

"好样的，儿子！"父亲机械地说，他则照例咧嘴笑了，像个胜利者似的，在父亲看来，这笑多么不合时宜啊。他转身回到训练场去时，父亲禁不住摇了摇头。父亲真不懂，他是这个班里唯一一个一次都没击中球的孩子，他怎么还能如此高兴？

"放松点儿，"妻子说，"如果瑞安自己对成绩都不担忧，你瞎操什么心？他正玩得高兴呢！那才是关键，你知道吗？"

可是，他怎能如此高兴呢？想想自己小时候，一旦没有击中球就羞愧难当，觉得没脸见人，恨不得挖个地洞钻下去。瑞安没击中球，他心里肯定也不好受，父亲想。这时，又轮到他了，父亲走到外场。

瑞安走上前去一如既往地认真、专注，哪怕他只击中一次球也好啊！

父亲想着。自动捡球机捡起了球，扔过来，没击中；再来一个，还是没有击中。

"眼睛看着球，"教练喊道，"球又过来了！"

第三次失误。父亲闭上眼睛。

第四次失误。"瑞安，加油！"同学们喊道。

第五次失误。

父亲睁开眼，无助地望着地下。父亲抬起头来时，瑞安已经和他妈妈在一起了。他喝了一口水，仍然面带微笑，就像他刚刚得了冠军似的。

过去训练的日子像电影画面一样从父亲脑海里掠过——全是儿子失误的画面。他努力去做了，还在继续努力着。

这时，瑞安望着父亲，竖起了大拇指。父亲一下子恍然大悟，棒球之于瑞安确实不同于棒球之于自己，不管儿子的成绩如何，他能从中找到乐趣，是的，这才是关键所在。

父亲向瑞安笑了笑，回他一个竖起的大拇指。他转身回到场里，父亲终于没再走到场外，放心地坐了下来，心里赞叹着儿子健康、积极的心态。训练结束后，父亲吃着冰淇淋，拍拍儿子的肩膀，"嘿！小伙子！老爸真的为你感到骄傲！爸爸喜

欢你玩棒球的态度。"

勇敢的冠军

沙瓦尔什是世界泳坛上的健将，他曾13次荣获欧洲冠军，7次荣获苏联冠军。他的生命不仅对泳坛有意义，他还从死神手中救回20多条生命，对于这些人来说，沙瓦尔什是他们的再生父母。

事情发生在一个早晨，那天沙瓦尔什和胞弟卡莫及其他队员像往常一样在进行20公里长跑锻炼。

他们跑到埃里温水库边，只见护栏断开一大段，岸边挤满了人。沙瓦尔什听说一辆满载乘客的无轨电车跌进了水库里，水面上只露出两只滑轮。巨大的旋涡渐渐消散，水面重新连成一片，整整一车乘客被吞没了。

沙瓦尔什没有多想，他立刻向卡莫打了个手势，脱下被汗水湿透的衣服，甩掉了运动鞋，卡莫也跟着这样做，他们纵身跳到水里，朝隐约可见的滑轮游去。

沙瓦尔什游到滑轮处，头一扭，瞥见身后的卡莫，说道："你浮在水面上，等救生员。"然后，他足足地吸了一口气，"扑通"一声扎入水中。

水下的能见度很差，但沙瓦尔什却看清了车身的位置。他抓住滑接杆，尽量延长憋气时间，从后面游近无轨电车。

沙瓦尔什迅速看了看周围，发现后面的玻璃窗是最宽的，他想：倘若把它打碎，就打通了一条救生之路。于是他紧紧抓住车后的金属挂梯，身子后倾，顶住水流的强大阻力，用两脚猛踹玻璃窗，玻璃很快被踹碎了。

沙瓦尔什游进车厢，在水中他看到一些模糊不清的人影在浮动。他赶快抓起离自己最近的一个黑影转身钻出车厢，两腿

抵住车顶全力一蹬，急速向水面游去。他浮出水面后，发现被救的是一位妇女。

两只救生船从两面靠拢过来，把救上的人拉上了船。

沙瓦尔什吸了几口气，又一次潜入水下，并用娴熟的潜泳动作，加快了下沉的速度。他抓住窗框，进入车厢，把近旁的一个人紧紧抓住，冲向水面。

卡莫从哥哥手里接过第二个妇女，把她安置在船上。第三次，沙瓦尔什极其准确地找到了目标。他毫不耽搁地把一个在车内顶棚处浮动的人拽到自己身旁，快速向水面游去，交给了卡莫。但是沙瓦尔什被玻璃扎了，他的身上全是血。可是他不顾疲劳和自身的安危，将人一个个地托出水面，速度几乎比头几个人要快一倍。

当他救起第十个人时，陡然感到脑袋"嗡"的一声，眼前仿佛簇簇焰火迸溅。他咬紧牙关，把人抓得更紧，拼命向水面冲。

当隆隆作响的起重机在堤岸上放下又粗又长的重臂，安装制动履的时候，沙瓦尔什还在一次又一次地下潜。

当他救起第二十个人的时候，突然听到卡莫的说话声："起重机准备完毕，快去取钢缆来。"

起重机的发动机开始嗒嗒作响。卡莫把钢缆送到电车下沉的地方。沙瓦尔什又一次潜下去，这次潜水的目的是找到电车的拖曳钩。他一个猛子扎入水下，将钩子挂好，然后飞快地游出水面，向岸边游去。

这时，钢缆开始振动、绷紧，约摸过了两分钟，水库里的水翻腾起来，电车慢慢露出水面。随后，庞大的电车渐渐靠近堤岸。

大规模的抢救工作开始了。

沙瓦尔什疲惫不堪地倒在堤岸上，四肢布满了鲜血。殷红

在泳坛上风雨兼程，使沙瓦尔什和卡莫两兄弟锻炼出强健的体魄，在关键的时刻发挥了出来。他们用自己的血肉之躯，从死神手中夺回了20条生命，用自己的行动诠释了体育对于人类的意义。

的血从大大小小的伤口流淌出来。他一共从死神手中夺回了20条生命，车厢里其他35名乘客都在灾难中丧生。

人们很快将沙瓦尔什送进医院，极度的疲劳使沙瓦尔什得了肺炎，高烧不退，病情险恶，康复极其困难。他躺在病床上，一遍遍地自问："难道这是我吗?"

45个昼夜后，沙瓦尔什的体力开始恢复。几个月后，他回到了游泳池。不久，在赛场上他创造了苏联新纪录，继而打破了世界纪录。

第5章

放飞心灵，体味休闲人生

　　当一缕晨曦透过云朵射向层层的绿叶，我们仿佛闯入一片幽静的世界，在久违的寂静中，我们呼吸着新鲜的空气，在诗意的温馨中感受生命的动力。

　　不要总是行色匆匆，给生命一个休息的机会。在精神和自然的融合中，感受灵魂的静谧。

下满的围棋

在公园里看两位老人下围棋，他们下棋的速度非常缓慢，令围观的人都感到不耐烦。

第一位老人，很风趣地说：

"嘿！是你们在下棋，还是我们在下棋？我们一步棋考虑十几分钟已经是快的，你知不知道林海峰下一颗棋子要一个多小时。"

旁边的老人起哄："好笑！把自己比为林海峰。"

第二位老人，看起来很有修养地说：

"你们不知道，围棋要慢慢下才好。下得快则杀气腾腾，不像是朋友下棋了。何况，当第一颗棋子落下，一盘棋就开始走向死路。一步一步塞满，等到围棋子满了，棋就死了，就撤棋盘了。慢慢下才好，慢慢下死得慢呀！"

这段看似意有所指的话，使旁边的老人都沉默了，直到看完那盘棋，都不再有人催或说话。

其实下棋如同人生，慢慢下，才能体会整个过程的酸甜苦辣，慢下来吧，单调的过程需要用心的感悟来润色！这天上的云，扑面的风，路边的花和熟悉与陌生的人们会心的笑，采撷哪一朵不都可以把原本黑白的人生底色渲染得多姿多彩吗？从现在开始，请放缓脚步慢慢品味吧！

感悟 ganwu

好的围棋要慢慢地下，好的生活历程要细细品味；不要着急把棋盘下满，也不要匆忙地走人生之路。

用更好的纸来写

少年时代，我拜当地一位有名的书法家为师练习书法。暑假期间，我几乎天天都要到那里去练一两个小时。

然而令人失望的是，跟着这么好的老师学习练字，我居然

没有多大进步，我心里真是非常地着急。

老师看出了我的心思，又继续教了我一些写书法的要领，然后，他忽然对我说："这样吧，你买点质量较好的宣纸来试试，可能就会写好了。"

我照着老师的话去做了，果然，我的字很快就写好了，连我自己也纳闷，难道就是因为换了一种纸，我的字就进步快了吗？老师笑笑："因为你用旧报纸写字的时候，总会感觉是在打草稿，即使写得不好也无所谓，反正还有的是纸，所以就不能完全专心；而用最好的宣纸，你就会心疼好纸，会感觉机会的珍贵，从而用心、投入地去写，这样，你就会比平常练习时更加专心致志。用心去写，字当然会进步。"

真的，平常的日子总会被我们不经意地当做不值钱的"废旧报纸"，涂抹坏了也不心疼，总以为来日方长，平淡的"旧报纸"还有很多。实际上，这样的心态可能使我们每一天都在与机会擦肩而过。

生命并非演习，而是真刀真枪的实战。生活其实也不会给我们打草稿的机会，因为我们所认为的草稿，其实就已经是我们人生无法更改的答卷。

把生命的每一天都当做那最好的一张纸来书写吧！

自 在 逍 遥

在终南山脚下的一个亭子里，一个衣着寒碜的人手把着茶壶正悠闲自得地品着茶，他的身边放着一个采药用的竹篓子，里面盛满了采来的各类草药。

三位穿得很华丽的文士边走边聊来到这个亭子，他们手中摇着漂亮的扇子，口里谈论着文坛与官场的趣事。这三位文士坐在亭中，眼望郁郁苍苍的终南山，不禁大发感慨，不停说笑

很多人都有练习书法的兴趣爱好，但是练了很久，并没有多大的长进，究其原因就在于没有完全地投入其中，不能专心致志。

感悟
ganwu

幸福是所有人奋斗和努力的目标，而赚钱只是一个手段和过程。如果把赚钱当成了目的，那么也就失去了幸福的感受。

着、争论着、评点着。他们三人的高谈阔论打扰了采药人的清静，然而采药人并没有抗议，而是缓缓地斟上一杯茶，继续品，默默地看着山色、赏着飞瀑。采药人杯中的茶香飘逸在亭子里，引起了三位文士的注意，他们不约而同地转向采药人，开始与其攀谈。

"这个季节准会采到很多上好的药材。"其中一位白衫文士对采药人说道。

采药人点点头。

"你今天采了好几趟了吧，一定可以卖很多钱。"另一位黄衫文士说道。

采药人摇摇头。

第三位文士激动起来了。他的神情变得既好奇又怜悯，显然，他很关心这个衣着寒碜的采药人的境况，对采药人错过采药的大好时机感到惋惜。

"难道你的腿脚受伤了吗？不能长时间爬山采药吗？"第三位文士充满疑惑地问道。

采药人放下手里的茶杯，终于开口说话了。"我腿脚很好，"他说，"我走在山上从来不觉得累。"他站起身来，伸展了一下四肢，好像要给文士们看看自己健康强壮的身体。"我的腿脚好用极了！"

第三位文士的神情显得更加困惑了，他不得不把自己心中的疑问吐露出来，因为这个疑问实在令他压抑："那么，为什么你不第二次上山采药？"

"早晨我已经采了这满满的一篓子，"采药人指指身边盛满药材的竹篓答道，"这一篓子药材拿到药房卖掉，可以买来我们全家三到五天的口粮。"

"当然，这些药材很多了，可以换来三五天的粮食，"那位文士说，"但是，要是你今天第二次、第三次，甚至第四、五、六次上山采药，那你就可以采到两篓、三篓，甚至四、五、六篓上好的药材。不是这样吗?"

采药人微笑着点点头。

文士接着说:"假如你不只今天，而且明天、后天，在这个容易采到更多好药材的季节天天都上山采几次药草，那不是会更好吗?"

采药人不置可否。

"最多两年，你就可以用采药挣来的钱开一个磨坊或者豆腐坊，在无药可采的季节靠磨坊或豆腐坊挣更多的钱。如此两三年后，你就可以去城里开一个药铺，就再也不用上山采药了。你只要收购别人采来的药再卖给病人，就可以挣更多的钱，然后……"他激动地一下子噎住了，好一会儿才又说出话来，"然后，你就可以有佣人打理你的药铺。几年后，等资本雄厚了，你就可以把药店开大，开分号，在全国多个地方经营药材。然后……"兴奋又一次噎住了这位文士的喉咙。他摇着头，满脸的惋惜和无奈。

"然后又如何呢?"采药人微笑着问这位文士。"然后，"文士平复了一下情绪，"然后，你就是富人了，就可以天天坐在这亭子里看山气氤氲、飞瀑挂天，你可以天天喝茶品茗，听鸟叫，闻花香，永远自在逍遥了。"

"可是我现在已经如此了呀，"采药人说，"我本来在这里喝着热茶，看着山水花草，听着鸟鸣，只是你们的到来打扰了我的清静。"

三位文士相互看看，若有所思地离开了，显然他们从采药人的话语中悟出了什么。他们一直以来都认为早年的寒窗苦读是为了他年的富贵腾达、自在逍遥。然而此时，他们心里已经没有对这个衣着寒碜的采药人的怜悯与同情了，有的只是一丝嫉妒。

装修中的大道理

去年夏天，我在一个新建成的小区里买了一套房子。朋友们向我推荐了一位颇有经验的瓦匠师傅。

我见了瓦匠师傅，双方谈好价格及工期后，装修工作就开始了。

瓦匠师傅果然是个极细心的人，对于每一处的装修都非常认真。

可是，我注意到，他在给卫生间贴墙砖时，在瓷砖之间明显地留下一条缝隙。而且，这缝隙看上去很不美观。我很纳闷，便对他说："师傅，为什么我们隔壁那家墙砖之间都挨得很紧。"

瓦匠师傅解释说那样不好，因为瓷砖也有伸缩性，热胀冷缩，贴在墙上，是需要留有一点儿膨胀的缝隙的。他是一位经验丰富的老师傅，对他的话，我将信将疑，既没有赞成，也没有反对。

因此，我家的卫生间铺好后，墙上有一条条明显的缝隙。

转眼之间，冬天过去了，春天来了，夏天又过去了，当秋天来了的时候，我看到有人运水泥和沙子到隔壁去，问邻居，他说，卫生间的墙砖坏了，要重贴。

过去一看，真的，许多墙砖都因为相互挤压而脱离了墙面，有的甚至出现了裂口，整面墙看上去十分不平整。我突然想起那位瓦匠的话来。

其实，人和这瓷砖一样，也是有伸缩性的，也会热胀冷缩。做人若留有余地，未尝不是明智之举。

爱发誓的索马

索马是个打鱼的好手，每逢出海，总是会满载而归。同时，他也有个坏习惯，他出海之前，总是爱发誓。有时候，他的誓言根本就是无法实现的，可是索马也毫不在乎，他认准了的誓言，十头牛也拉不回来。

有一年春天，市场上的墨鱼价格奇高，凡是出海捕到墨鱼的人都发了大财，索马看到这种情景，便立下誓言：这次出海只捕捞墨鱼，一定要发大财！可是，令他失望的是，这一次鱼汛，他所遇到的全是螃蟹，根本不是他心中所想要的墨鱼，他果断地放弃了捕捞螃蟹的绝好机会，空手而归。

可是这一回，市场上的行情却发生了变化，索马回到岸上一打听，才得知这一回是螃蟹涨了价，索马悔恨极了，发誓下次出海一定要只打螃蟹。

第二次出海，他把注意力全放到螃蟹上，可这一次遇到的却全是墨鱼。不用说，他又只能空手而归了。

眼看着一起出海的邻居们都捕到了大量的鱼，并且都抓住机会挣到了大钱，索马晚上躺在床上十分懊悔。于是，他又发誓，下次出海，无论是遇到螃蟹，还是遇到墨鱼，他都要捕捞。

第三次出海后，索马严格按照自己的誓言去捕捞，可这一次墨鱼和螃蟹都没有见到，见到的只是一些马鲛鱼。于是，索马再一次空手而归……

索马没赶得上第四次出海，他在自己的誓言中饥寒交迫地死去了。

这当然只是一个故事而已。

世上没有如此愚蠢的渔夫，但是却有这样愚蠢至极的

感悟 ganwu

在捕鱼时，目标和现实之间往往具有一定的距离，为了一个不切实际的愿望而放弃了已经捕获的鱼，这种做法是不可取的。

誓言。

· 下棋的窍门 ·

老张有个儿子，最近迷恋上了下跳棋，可是不知怎的，儿子下棋总是不得要领，总是输。

星期天下午，老张看到儿子又一脸沮丧地回来了，不用问，一定又是输了棋了，于是，他帮儿子出主意说："你不会给自己多搭几座桥吗？"

搭桥是下跳棋的窍门和捷径，每搭一座桥，就可以连跳好几步，事半功倍。在父亲的精心指点下，儿子的棋局大有进步，接下来的几天里，每次出去跟小伙伴玩都能做到战无不胜。儿子心情好了，老张因势利导："你看，生活也就像下棋一样，在走每一步之前都要想到下一步应该怎么走，学着为自己多搭几座桥，才有希望赢得胜利。"儿子沉浸在无敌的喜悦中，连连称是。

可是又有那么一天，儿子从外面回来，脸阴沉沉的，细问才知，原来和他下棋的小伙伴里多了一个上海男孩，总是让儿子输。

老张把上海男孩请到家里，让他们再下一局。

开局了，儿子还是老套路，一步步苦心搭桥，可是那上海男孩却笑而不语，只移动两个棋子儿，就把儿子刚设好的棋路给堵死了。一局下来，儿子还是输了。

上海男孩得意地说："看到了吧！你会搭桥，我就会拆桥！桥搭得再好，碰上会拆桥的你就输定了。想赢棋不但要搭桥，还要防别人拆桥，关键时刻还要会拆别人的桥，这样才能占尽先机！"

儿子似懂非懂地点了点头。

感悟 ganwu

一个真正的跳棋高手不仅会巧妙地为自己搭桥，而且还善于拆别人的桥，只有这样才能抢得先机，击败对手。

· 99 一 族 ·

有位国王，天下尽在手中，照理，应该满足了吧，但事实并非如此。

国王自己也纳闷儿，为什么对自己的生活还不满意。尽管他也有意识地参加一些有意思的晚宴和聚会，但都无济于事，总觉得缺点儿什么。

一天，国王起个大早，决定在王宫中四处转转。当国王走到御膳房时，他听到有人在快乐地哼着小曲。循着声音，国王看到一个厨子在唱歌，脸上洋溢着幸福和快乐。

国王甚是奇怪，他问厨子为什么如此快乐。厨子答道："陛下，我虽然只不过是个厨子，但我一直尽我所能让我的妻小快乐，我们所需不多，头顶有间草屋，肚里不缺暖食，便够了。我的妻子和孩子是我的精神支柱，而我带回家哪怕一件小东西都能让他们满足。我之所以天天如此快乐，是因为我的家人天天都快乐。"

听到这里，国王让厨子先退下，然后向宰相询问此事。宰相答道："陛下，我相信这个厨子还没有成为 99 一族。"

国王诧异地问道："99 一族？什么是 99 一族？"

宰相答道："陛下，想确切地知道什么是 99 一族，请您先做这样一件事情。在一个包里，放进去 99 枚金币，然后把这个包放在那个厨子的家门口，您很快就会明白什么是 99 一族了。"

国王按照宰相所言，令人将装了 99 枚金币的布包放在了那个快乐的厨子门前。

厨子回家的时候发现了门前的布包，好奇心让他将包拿到房间里。当他打开包，先是惊诧，然后狂喜：金币！全是金币！这么多的金币！厨子将包里的金币全部倒在桌上，开始清点金币，99 枚？厨子认为不应该是这个数，于是他数了一遍又一遍，的确是 99 枚。他开始纳闷儿：没理由只有 99 枚啊，没有人会只装 99 枚啊，那么那一枚金币哪里去了？厨子开始寻找，他找遍了整个房间，又找遍了整个院子，直到筋疲力

感悟 ganwu

人在拥有不多的时候，反而懂得知足和珍惜。而一旦欲望在心里树立了目标，很多人就会变得贪婪和不满足，陷入盲目的欲望漩涡。保持一种知足常乐的心态，无论什么时候，都不要受世俗的浸染，不被金钱所蒙蔽，要让我们的品质永远是那么纯洁。

尽，他才彻底绝望了，心情沮丧到了极点。

他决定从明天起，加倍努力工作，早日挣回一枚金币，以使他的财富达到100枚金币。

由于晚上找金币太辛苦，第二天早上他起来得有点儿晚，情绪也极坏，对妻子和孩子大吼大叫，责怪他们没有及时叫醒他，影响了他早日挣到一枚金币这一宏伟目标的实现。他匆匆来到御膳房，不再像往日那样兴高采烈，既不哼小曲也不吹口哨了，只是埋头拼命地干活，一点儿也没有注意到国王正悄悄地观察着他。

看到厨子心绪变化如此巨大，国王大为不解，得到那么多的金币应该欣喜若狂才对啊。他再次询问宰相。

宰相答道："陛下，这个厨子现在已经正式加入99一族了。99一族是这样一类人：他们拥有很多，但从来不会满足。他们拼命工作，为了额外的那个'1'，他们苦苦努力，渴望尽早实现'100'。原本生活中那么多值得高兴和满足的事情，因为忽然出现了凑足100的可能性，一切都被打破了。他竭力去追求那个并无实质意义的'1'，不惜付出失去快乐的代价，这就是99一族。"

制 造 快 乐

故事开始于一次心血来潮之举。许多年前，我在一家公司上班。我上班的办公室有一面落地大窗户面对着繁华的大街。有一天工间休息的时候，我站在窗户前，一位坐在一辆敞篷车里的女人正仰着头朝上面看，我们刚好四目相对。我很自然地招了招手。我发现车子开远了，她还回头朝我看，显然是试图辨认出我到底是谁。我乐得哈哈大笑。从此，我就开始了为期一年的窗前滑稽表演。

每到工间休息的时候，我就会站在窗户前朝大街上的行人招手。这些行人的反应各式各样，逗得我忍俊不禁，工作的压

力也随之一扫而光。同事们对我的举动也有了兴趣。他们会躲在一边悄悄地观察，津津乐道于街上行人的反应。

过了不长时间，我的行为就引起了一些每天在这个时间经过的行人的注意。他们走到这里，都会抬头看一看。有一个开卡车的司机经过这里时总会将前灯亮两下回应我的招手。有一辆班车在这个时间总是坐着同样一群人，他们成了我的忠实"粉丝"。

后来，我感到招手已经不新鲜了，于是我又换了新节目。我写了一些标语："你好""好心情""祝你快乐"等，贴在窗户上，同时站在窗前向行人招手。我还设计了一些滑稽的造型，有时戴着纸制帽子，有时扮着鬼脸，有时手舞足蹈。

圣诞节快来了，我的一些同事开始沮丧起来，因为圣诞旺季一过，公司就要裁员了。办公室里弥漫着悲凉的气氛，让人透不过气来。

晚上回到家，一张废弃的纸箱壳引起了我的注意。我用它做成圣诞老人的帽子，又用旧挂历纸剪成纸条做成大胡子和帽檐装饰。第二天，我悄悄地将这副行头带进办公室。工间休息的时候，我勇敢地用这副行头将自己装扮起来，然后捧着肚子，模仿圣诞老人的笑声。同事们乐得前仰后合，笑得喘不过气来。这是他们几周来头一次这么快乐。

后来，老板从门口经过，听到笑声，就走了进来，看到我的样子，他摇了摇头，转身离开。我担心有麻烦了。果然，过了一会儿，他打来电话，叫我到他的办公室去一趟。

我惴惴不安地走进老板的办公室。"迈克尔……"老板严肃地说，然后停了停，接着他紧绷的脸忽然一下子松开，只听得椅子笑得咯吱咯吱响，桌子笑得直跺脚。过了好一会儿，老板才控制住自己，说："迈克尔，谢谢你！眼看就要裁员了，要让大家在这个圣诞节开开心心非常不容易。谢谢你给大家带来了笑声。我需要这样的笑声！"

整个圣诞节期间的每一天的工间休息时间，我都骄傲地站在窗前，向我的粉丝们招手致意。乘班车的人朝我欢呼，来往的孩子向我喊叫。他们很快乐，我也很快乐。我的同事们暂时忘掉了即将裁员的不愉快，与我一道享受好心情。不过，这种快乐带来的人与人之间的友善和关怀，我是在圣诞节过后的春季才得到了更加深刻的感受。

那年春天，我的妻子将要分娩了。我想让全世界都知道这个幸福的时刻。预产期前不到一个月的时候，我写了一幅标语贴在窗上："离我的……还有25天！"我的粉丝们经过窗前时都会迷茫地耸耸肩。第二天标语变成了"离我的……还有24天！"每一天数字都会变小，经过窗前的人也变得更加困惑。

一天，一辆班车的窗户上出现了一幅标语："离你什么？"我只是笑着朝他们招招手。

后来有一天，我在窗户上写着这样的标语："离我的宝……还有10天！"大家还是不解。第二天标语变成了："离我的宝贝……还有9天！"再接着成了："离我的宝贝诞生还有8天！"这下，我的粉丝们都知道我要做父亲了。

我看到越来越多的人都在关心我妻子分娩的情况，随着天数的减少，他们也似乎变得越来越激动。当数字应该为"0"的时候，他们没有看到我宣布孩子的诞生，便明显地表现出失望来。

第二天，我的标语写道："宝贝的诞生推迟一天。"数字每变化一次，路人的关心也随之增加一分。

我的妻子在预产期后第14天清晨生下了女儿。我忙完了一些照应母女的事情之后，想到了我的粉丝们，当天的那个固定时刻，我出现在办公室的窗户前。然而，我发现我的同事们已经将一面旗帜贴在窗户上，旗面上写着："是一个女儿！"

我看到行人们驻足冲我的方向鼓掌，司机们在堵车或等待亮绿灯时向我招手，乘客们朝我做起各种表示胜利的手势。一种幸福感从我心底油然而生。接着，一件事情发生了。一辆班车忽然亮出了一幅标语，上面写道："祝贺宝贝诞生！"班车开走了，我的眼泪却在流淌。我知道，由于我的女儿晚出生了14天，他们就有可能不厌其烦地将这幅标语随班车带在身边14天。

我们每一个人都有承受工作和学习压力的时候，这时候让心情放飞的最好办法是给别人制造快乐；因为自己的快乐是有限的，但众人的快乐却是无止境的。如果你能够给别人带去快乐，那么他们也会给你带来快乐！一年来，我的粉丝们显然是欢迎我给他们带去快乐的，因为他们在我女儿出生的那天送给了我一份特别的礼物。

母亲的坚持

苏非出生在一个并不富裕的家庭，他有一个最大的爱好，就是钓鱼，可是，他却从来没有钓到过一尾大鱼。

这一晚，离鲈鱼开禁还有两个小时的时候，苏非又和母亲来到湖边钓鱼。

湖面十分平静，他和母亲守在那儿，等着鱼上钩。可是，很长时间过去了，没有一条鱼上钩。陪着苏非等在一旁的母亲劝说道："好了，孩子，没有鱼儿上钩的，再说，离开禁还有两个小时呢！"

母亲的话音未落，苏非就感觉到鱼线突然动了，他暗暗掂了掂，分量还不小。

苏非兴奋极了。

鱼儿上钩了，母亲打开手电，照着鱼身，可是，这却是一条被禁钓的鲈鱼。

母亲看着夜光表，对苏非说："现在是10点。离开禁还有两个小时，孩子，我们放了它吧。"

苏非难过地说："可是，妈妈，我从来没有钓到过这么大

钓鱼能陶冶我们的情操，锻炼我们的毅力和耐力，要想充分享受钓鱼带给我们的乐趣，前提是做一个堂堂正正的人。

的鱼！而且，我们今天钓到的鲈鱼，并没有人知道呀！"

听到苏非这么说，母亲严肃起来，她坚决地对苏非说："孩子，湖边没有眼睛，但我们心里有眼睛。不被允许的事是坚决不能干的。"

在母亲的坚持下，鲈鱼被放走了。

30年后，这个小男孩成为纽约著名的建筑师，他的作品遍及纽约。

没有人能理解出生在贫民窟里的男孩会成为纽约的知名人士，受到民众的尊敬，更没有人会把他的成就与30年前的那个夜晚联系起来。

登　山

感 悟
ganwu

在追求兴趣的列车上，透过车窗，我们可以欣赏到许多优美的景色，但是请不要驻足、留恋，记住，最后的终点站才是我们真正的目的地。

有个年轻人非常喜欢爬山，可是，每次爬到一半的时候，都因为一些小的干扰而没有爬到山顶，为此，年轻人非常迷惘。他去请教一位经验丰富的老者："为什么我每次爬山都是半途而废呢？我怎样才能成功地攀登到梦想的山巅？"

老者微微一笑，从地上捡起一张纸，叠只小船放在身边的小河，小船不喧哗，不急躁，借着水流，一声不吭地驶向前方。途中，蝴蝶向它搔首弄姿，鲜花为它翩翩起舞，它丝毫不为所动，仍然默默前行……

年轻人看到这些，仍然迷惑不解。

老者说："让心灵放下包袱，它才能远行；人的一生，金钱、美色、地位、名誉等诱惑太多。选定了奋斗目标，途中若因思谋金钱而驻足、因贪恋美色而沉沦、因渴求名誉而浮躁、因攫取地位而难眠，就难以像小船一样，不为诱惑所动，向着既定目标默然前行。这就是为什么有些人做事往往半途而废、不能成功的原因。"

年轻人恍然大悟，打点起行囊，迎着风向山顶爬去。

寄居蟹和龙虾

寄居蟹是深海中的主人，他最引以为自豪的就是身上有副硬硬的壳，这个壳保护着自己的生命安全。此外，他还有一副状如钳子的螯，支撑自己的身子。

有一天，寄居蟹去看望好友——同样住在海里的龙虾。令他惊奇的是，他看见龙虾正把自己的硬壳脱掉，只露出娇嫩的身躯。寄居蟹非常紧张地说："龙虾，你怎么可以把唯一保护自己身躯的硬壳也放弃呢？难道你不怕有大鱼一口把你吃掉吗？以你现在的情况来看，连急流也会把你冲到岩石上去，到时你不死才怪呢！"

龙虾气定神闲地回答："谢谢你的关心，但是你不了解，我们龙虾每次成长，都必须先脱掉旧壳，才能生长出更坚固的外壳，现在面对危险，只是为了将来发育得更好而作准备。如果你害怕危险的话，那么你是不能够长得更强壮的。"

听了龙虾的话，寄居蟹觉得很惭愧，自己习惯于生活在固定的环境中，从来没有想过如何令自己成长得更强壮，整天只活在别人的护佑之下，难怪永远都是老样子。

信　念

有一年，一支由八个人组成的探险队来到非洲的撒哈拉沙漠探险，阳光下，漫天飞舞的风沙像炒红的铁砂一般，扑打在探险队员的脸上。有几个队员甚至绝望地认为自己无法走出沙漠了，因为，他们连维持生命的最后一壶水都喝光了！

就在大家绝望的时候，探险队长从腰间拿出一壶水："这里还有一壶水，但穿越沙漠前谁也不能喝。"生死关头，这壶水成了救星。

那壶水依次从探险队员手里传过，沉沉的。一种充满生机的喜悦在每个队员绝望的脸上弥漫开来。

最终，探险队顽强地走出了沙漠，挣脱了死神之手。大家喜极而泣，用颤抖的手拧开那壶支撑他们精神和信念的水——

拧开壶盖，没有清水汩汩流出，倒出来的竟是沙子。惊讶之余，队员们陷入了沉思。

一壶水，成了求生的寄托，给了人们穿越沙漠的信念！

不同的钓鱼人

晚秋时节，寒冬将至，鱼儿成群结队急急忙忙地觅食准备越冬，又一个钓鱼的黄金季节到了。

老张和老李两个钓鱼高手一起到鱼池垂钓。

他们来到鱼池边没有多久，两个人就各凭本事钓到了许多鱼。

周围的人看了，暗暗叫好，同时又不胜羡慕，纷纷跑到小店里去买钓具。遗憾的是，初试身手的人，无论怎样努力，也始终钓不到一条鱼。

看到周围游客的表现，两个钓鱼的高手反应却大不相同，其中一人充耳不闻，只顾自己享受独钓之乐；而另一位的反应就大不同了，他看到游客钓不到鱼，就说："这样吧！我来教你们钓鱼，如果你们学会了我传授的诀窍，而钓到一大堆鱼时，每十尾就分给我一尾，不满十尾就不必给我。"双方一拍即合。

教完这一群人，他又到另一群人中，同样也传授钓鱼术，依然要求每钓十尾回馈给他一尾。一天下来，这位热心助人的钓鱼高手，把所有时间都用于指导垂钓者，获得的竟是满满一大篓鱼，还认识了一大群新朋友，同时，左一声"老师"，右一声"老师"，备受尊崇。另一方面，同来的另一位钓鱼高手，却没享受到这种服务人们的乐趣。当大家围绕着其同伴学钓鱼

感悟
ganwu

即使你是一个钓鱼高手，你也需要和别人交流经验，不吝啬地将自己的钓鱼心得与别人分享，得到的回报是你将钓到更多的鱼，相反，一个孤芳自赏的人永远也不能享受到与人同乐的乐趣。

时，那人更显得孤单落寞。闷钓一整天，检视竹篓里的鱼，收获也远没有同伴的多。

旅游中听故事

趁着这个暑假，游历了黄山、千岛湖、杭州，沿途所看到的一些古迹，很是引人深思。

旅游的首站是绍兴，绍兴有座著名的大禹陵。儿时已经听多了大禹治水的故事，如今听导游的先生讲来，又是一番不同的滋味。听导游介绍大禹新婚第四天，便离家治水，从此一去八年。跋山涉水，栉风沐雨，正如韩非子所形容的："身执耒锸，以为民先。虽臣虏之劳，不苦于此矣。"更可贵的是八年中大禹曾经三次路过自己的家门，并知道妻子已生子，却一次也没有顺便进去看一眼。大禹治水，泛区从此成了沃野，民众从此少了水患，而他那种为民做好事的献身精神尤其宝贵。这样的故事，怎么能让人不陡生敬佩之情呢？

离开绍兴到了杭州的灵隐寺，寺前的飞来峰有一段和济公有关的传说，赞美了"鞋儿破，帽儿破，身上的袈裟破"的济公：别人得不到的信息他能够得到，别人算不出的事情他能够算出，用现在的话说，叫超前意识，先见之明。虽然开始他可能被误解甚至遭到反对，但当济公和尚不顾众人反对，施妙计引开全村百姓，使他们避免了一场被飞来峰压得粉碎的飞来横祸时，全村人方才称赞济公和尚的脑袋比别人聪明。

在西湖的游船上，一位导游小姐问大家："我们杭州许多人都建议修复雷峰塔，但有一个部门坚决反对，你们猜是哪个部门？"游客们乱猜一阵后，导游小姐笑着告诉大家："是妇联。因为雷峰塔下压的是白娘子，修复了雷峰塔就意味着白娘子永远被压在下面了，也意味着妇女永远无法解放了。"游客们一阵大笑。再想想法海这个老和尚，当初也是想要做好事，

感 悟 gǎnwù

欣赏美景固然是旅游的主要目的，但是细细地聆听关于各个风景名胜的传说故事也别有一番风味，从中你可以体会各地独特的风土人情和人们那朴素、真诚的情感和愿望。

153

结果却自作聪明我行我素，一意孤行，他眼中的好事，正是大家心中的坏事，结果不仅拆散了许仙与白娘子的美满婚姻，而且留下了千古骂名。

听到了这三个故事，我想：一个人如果要为别人做一点好事，由于认识不同，方法不同，可能效果也不同，像大禹就很光荣，像济公就很高明，但要像法海，可就要挨骂了。

在北极读日记

在地球的北极有一个冰天雪地的神秘世界，那里的宁静和纯洁，吸引着无数去那里考察的探险队。可是，你知道吗，去北极考察是一项十分艰巨的任务，一旦遇上那里的极夜现象，人就要在黑暗中生活，有许多人因为无法忍受黑暗和孤独的煎熬而退却。这一次，一个著名的考察队到北极考察。经验丰富的队长贝德给队员布置了一个任务，要求大家在记录考察日志外，每天每个人还要写日记，日记以描写阳光下的景物为主。

队员们果然都照着做了。在考察进行的过程中，他们果然遇到了特殊情况，考察队的队员们不得不在黑暗、寒冷和孤寂的极夜中停留很长一段时间。队员们发现，黑暗和寒冷还可以忍受，只是那份孤寂压得每个人都要发疯了。

就在大家压抑之时，队长贝德宣布："现在我要检查你们的日记，请大家依次朗读！"人们安静下来，只有朗读者在声情并茂地讲述阳光下的故事。人们仿佛看到了闪着银光的雪原，看到了成群的海象嬉戏的场面，看到了北极熊从水中爬上冰块，看到了阳光下美好的一切。就这样，每朗读一篇日记，人们都会想起许多美好的事物，烦躁和焦虑一扫而光，心完全被美丽的憧憬和回忆占领了。

就这样，这个考察队靠着他们自己所写下的日记终于挨过了那些黑暗而孤独的日子。

感悟
ganwu

在旅途中，用日记的方式记下阳光下美好的一切，当我们陷入无边的黑暗时，读读这些日记，将会发现周围仍然是光明和温暖的。

四个字的奇迹

平心而论，冬天的芝加哥的景色真可谓是一无是处：树木光秃，融雪片片，汽车携带着污水泥浆前进。

公共汽车在风景区林肯公园里行驶了几公里，可是谁都没有往窗外看。我们这些乘客穿着厚墩墩的衣服在车上挤在一起，全都给单调的引擎声和车厢里闷热的空气弄得昏昏欲睡。

在这样的天气里，谁都不愿意做声。这渐渐地形成了在芝加哥搭车上班的习惯之一。虽然有许多人都是熟脸，但是大家都宁愿躲在自己的报纸后面，人们以此来保持自己与他人间的距离。

公共汽车驶近密歇根大道一排闪闪发光的摩天大厦时，一个声音突然响起："注意！注意！"报纸嘎嘎作响，人人伸长了脖颈。"我是你们的司机。"车厢内鸦雀无声，人人瞧着那司机的后脑勺，他的声音很威严。

"你们全都把报纸放下。"报纸慢慢地放了下来。司机在等着他们把报纸折好，放在大腿上。"现在，转过头去面对坐在你旁边的那个人。转啊。"使人惊奇的是，我们全都这样做了。但是，仍然没有一个人露出笑容。我们只有盲目地服从。

我面对着一个年龄较大的妇人，她的头给红围巾包得紧紧的，我几乎每天都看见她。我们四目相对，目不转睛地等候司机的下一个命令。

"现在跟着我说……"那是一道用军队教官的语气喊出的命令，"早安，朋友。"

我们的声音很轻，很不自然。对我们其中许多人来说，这是今天第一次开口说话。可是，我们像小学生那样，齐声对身旁的陌生人说了这四个字。

我情不自禁地微微一笑，完全不由自主。我们松了一口

气，知道不是被绑架或抢劫。而且，我们还隐约地意识到，以往我们难为情，连普通礼貌也不讲，现在这腼腆之情一扫而空。我们把要说的话说了，彼此间的界限消除了。"早安，朋友"说起来一点也不困难。有些人接着又说了一遍；也有些人握手为礼，许多人都大笑起来。

司机没有再说什么，他已无须多说，没有一个人再拿起报纸。车厢里一片谈话声，你一言，我一语，热闹得很。大家开始都对这位古怪司机摇摇头，话说开了，就互相讲述自己在上班路上看到的趣事。我听到了欢笑声，一种我在"151"号公共汽车上从未听到过的温情洋溢的声音。

公共汽车到了我要下车的那一站，我跟同座的妇人说声再见，然后一跃下车。另外4辆公共汽车也驶进站来，乘客纷纷下来。这些上车下车的乘客全都像石头那样坐着默不作声，一动不动，和我那辆汽车上的乘客完全两样。我微笑地看着我们"151"号车上的乘客神采飞扬的面孔，我心情愉快地开始了这一天，比平时的日子有一个更好的开始。

我回过头来看那位司机。他正在看后视镜，准备把车从车站开出。他似乎并不知道，他刚刚创造了一个星期一早晨的奇迹。

走 出 沙 漠

感 悟
gǎnwù

在沙漠中行走，北斗星和指南针是不可缺少的，它们就像是旅行者的拐杖，将指引我们走向希望的绿洲。

1926年，英国皇家科学院院士肯·莱文，曾经帮助贫穷的比塞尔人走出了浩瀚的撒哈拉沙漠。

事情的经过是这样的，在沙漠腹地有一个小村庄叫比塞尔，它紧贴在一块仅有1.5平方公里的绿洲旁。多年来，地理位置是困扰比塞尔人发展的主要障碍。他们也曾试着要走出这块沙漠，但不知为什么，不论他们从哪个点出发，向着哪个方向走，最终的结果都是：他们再次返回原地。

听说了这件事以后，科学家肯·莱文带着极大的困惑来到了这里。他收起了指南针等设备，雇用了一个比塞尔人，让他带路，想看看他们究竟为什么走不出沙漠。他们准备了足够半个月用的水，牵上两匹骆驼，一前一后上路了。

在漫漫沙漠中走了大约 10 天，肯·莱文测算了一下，他们大约走了 800 英里的路程，按照路程计算，他们应该是走出沙漠了。

令他们失望的是，第 11 天早晨，他们面前出现了熟悉的那块小绿洲——他们竟又回到了比塞尔。

原来，比塞尔人之所以走不出沙漠，是因为他们没有指南针，又不认识北斗星。在得不到任何帮助的情况下，人们只是凭着感觉前行，行走的足迹就像是卷尺的形状——从起点又回到起点。

后来，肯·莱文教比塞尔人认识了北斗星，沿着北斗星指引的方向只用了 3 天，比塞尔人就走出了沙漠。

蚂蚁的"旅行"

从前，有一只蚂蚁和她的姐妹们一起住在地下室楼梯的下面。虽然那里冬暖夏凉，但是这只蚂蚁却很不甘心："我生下来就是干大事的，怎么能在这种阴暗潮湿的角落里生存呢？不行，我要上去，我要去旅游，我要走得更远一点。"

在姐妹们的惊愕中，这只蚂蚁唱着歌儿兴冲冲地出发了。

走着走着，她来到一间屋子，这间屋子里堆满了书，看样子主人是个爱学习的人，蚂蚁四顾家中的布置，忽然发现书桌上有一个蓝色的地球仪。蚂蚁想：有了这个地球仪，我周游世界的理想不就实现了吗？大概蚂蚁家族的伙伴们还没有一只蚂蚁作过环球旅行呢！这回，我可要破纪录了！我要让那些地下室里的姐妹们相信，我是最杰出的蚂蚁！

于是，蚂蚁开始了她的环球旅行。她从窗台上落下，在地球仪上的阿拉斯加着陆。"现在到了阿拉斯加了，嘿！这儿冷

感悟
ganwu

就像蚂蚁在地球仪上爬了一圈就说自己游遍了半个世界一样，我们对世界的了解也大多数是通过书籍和电视，而实际上要想真正地了解一个国家，就是用自己的双脚踏上那片土地，亲身领略异国风情。

死了！狼在号叫，猎人在狩猎，我得赶快到南方去旅行。"

于是，她沿着地球仪向南方爬，后来到了加利福尼亚州的电影城好莱坞。"现在我成了一位电影明星了，"她想，"我正在扮演一个角色。"随后，她又向南爬，来到墨西哥。她坐在一块只生长仙人掌的大沙漠上。"赶快离开这里吧，"她自言自语，"现在我要乘船到欧洲。"

于是，她兴致勃勃地"乘帆船"漂过大西洋，在英国伦敦登陆。伦敦市大雾弥漫，甚至连街上的行人都看不清。"在这里我会感冒的，"她想，"我还是赶快到法国去旅游。"到了法国巴黎，那里阳光明媚，人们在公园里散步，但是在巴黎没有逗留多久，她又来到德国。在莱茵河畔，她"看见"农民们正在收葡萄。随后，她又朝意大利爬去，一直爬到像长靴似的亚平宁半岛的最南端。由于失去平衡，她滑了下来。她没有掉进意大利周围的蓝色海洋里，而是掉到摆放着地球仪的桌子上。

这时，蚂蚁仰面朝天。"啊！"她想，"现在令人开心的环球旅行结束了。我本来还想去中国和非洲，还想去澳大利亚，但做不到的事也不能强求，要知足啊！"

此后，蚂蚁又沿墙往高处爬，爬到窗台板上。从那儿出发，经过房墙和灌木丛，又回到地下室楼梯下面她的姐妹们那儿。她向姐妹们讲述了她那非凡的环球旅行，所有的蚂蚁都好奇地听着。她越说越夸大，谁听了几乎都相信，她真的从阿拉斯加爬到意大利，游遍了半个世界。

心态比年龄更重要

有两个老太太，她们住对门，而且年龄相当，都是年满70的人了，杜甫说"人生七十古来稀"，因此这样的老太太，一般来说唯一的生活就是颐养天年了！

一位老太太认为，到了这个年纪，已经是人生尽头了，该

吃的，该喝的，该见的，都经历过了，现在的世界是年轻人的，得过且过吧，还有什么留恋的呢？于是她每日坐在家里，便开始为自己准备起后事来，不几年就死了。

而另一位老太太却认为，一个人能够做什么事不在于年龄的大小，而在于自己的思路。再说孙子们也都大了，不用照料他们，正好可以趁着这休闲的时间做些有用的事。于是，70岁高龄的她，开始学习登山。

她就这样不断地攀登，20多年的时间，居然登上了很多高山，其中还有好几座世界上有名的山峰。95岁时，老太太成功地登上了日本的富士山，打破了攀登此山的年龄最高纪录，更重要的是，在登山过程中，老太太结识了很多朋友，使自己的生活也丰富起来。

她就是著名的胡达·克鲁斯老太太。

一个人70岁才开始学习登山，这本身就是一个奇迹，何况还登上了世界名山。

没有不带伤的船

一位律师，帮人打了一场官司，遗憾的是，官司打输了，委托人因此而绝望自杀。尽管这不是他第一次辩护失败，也不是他遇到的第一例自杀事件，但这件事还是让律师产生了深深的负罪感，觉得自己无法面对那些在生意场上遭受了不幸的人。

就在律师难过的时候，他去参观一艘船，那时保险公司曾从拍卖市场买下一艘船，这艘船1894年下水，在大西洋上曾138次遭遇冰山，116次触礁，13次起火，207次被风暴扭断桅杆，然而它从没有沉没过。

当他看到这艘船时，忽然有一种想法，为什么不让他们来参观参观这艘船呢？于是，他就把这艘船的历史抄下来，和这艘船的照片一起挂在他的律师事务所里，每当商界的委托人请

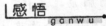

他辩护，无论输赢，他都建议他们去看看这艘船。现在这艘船就停泊在英国萨伦港的国家船舶博物馆。

它会提醒人们：在大海上航行的船没有不带伤的。

敲　门

从前有个猎人在山上打猎，中途遇到了倾盆大雨，路都被冲刷得变了形，猎人也因此而迷路了。一连几天，无论他如何尝试，始终没有走出山林，身上所带的吃的也都吃光了，猎人真是走投无路了。

一个很偶然的机会，他发现了一间小木屋，于是快步走向前去。正当他暗自庆幸得救时，却发现了另一个让他吃惊的现象：小木屋的屋主是个性格怪僻的隐士，传说他对闯人者都会心怀敌意，完全不理任何到此造访或是打搅他的人。但迫于饥饿，猎人还是走进了禁地。

怎样来敲开这个怪僻之人的门？猎人荒唐地想了很多办法：也许，用枪迫使隐士就范，抢夺他的食物，但这样事后可能要接受法律的制裁；也许，隐士可能出手夺枪，进而引发枪战，如果猎人射中隐士，他将被控谋杀罪，如果猎人自己被射中，同样是一场悲剧。

可是，如果不向隐士索取食物，自己很有可能就要死在这荒山野岭。一定要抓住这个机会向隐士求救，可又怎么跟他说呢？

猎人想了想，他觉得武斗的办法未免有点冲动，他轻轻地走上前，敲了敲门，等隐士开门后，猎人马上微笑着说："尊敬的先生，我是来这里打猎的，不幸迷了路。"说着，主动将枪递给隐士。隐士感到非常惊异，这个来客表达友好的方式太奇怪了，于是默默地将枪收下了。

见隐士没有拒绝自己，猎人赶紧诚恳地请求道："能不能

感　悟
gǎnwù

外出时，常常会遇到一些令人想象不到的困难。如何面对困难，巧妙渡过难关，需要我们开动脑筋，这样，我们不仅会收获自己需要的，还会获取一种人生的阅历。

用枪和您换点食物？因为我实在饿得不行了。"

由于武器在自己的手中，隐士感到很安全，同时猎人对他的尊敬也使他感到很高兴。"进来吧！"他破天荒地邀请猎人进去，并为他准备晚餐。饭后，隐士将枪还给猎人，并指引他走出了山林。

有舍才有得

| 感悟
ganwu

这是一个关于一心一意想要登上世界第一高峰的登山者的故事。

在经过多年准备之后，他开始了他的旅程。由于他希望完全由自己独得全部的荣誉，所以决定独自出发。他开始攀爬，但是时间已经有点晚了。然而，他非但没有停下来准备他的露营帐篷，相反，还继续向上不断攀爬，直到周围变得漆黑一片。山上的夜晚显得格外黑，因为月亮和星星刚好被云层给遮住了。即便如此，他仍然不断向上攀登。就在离山顶只剩下几尺的地方，他滑倒了，并且迅速跌了下去。他不断地下坠着，在这极其恐怖的时刻里，他的一生，无论好坏，都一幕幕地不断浮现在他的脑海里。当他一心一意地想着，此刻死亡正在如何快速地接近他的时候，突然间，他感到束在腰间的绳子重重地拉住了他。他被吊在半空中……此时，他一点办法也没有，只好大声呼叫："上帝啊！救救我！！"突然间有个低沉的声音回答他说："你要我做什么？"

"上帝！救救我！！"

"你真的相信我可以救你吗？"

"我当然相信！！"

"那就把束在你腰间的绳子割断。"

短暂的寂静之后，登山者决定继续奋力抓住手里那根救命的绳子……

我们常说："舍得，舍得，有舍才有得。"可是当我们真正遇到难以决定取与舍的尴尬处境时，又有多少人能够真正看开，舍得放弃握在手里已有的"幸福"？

搜救队第二天发现了一具冻得僵硬的登山者遗体。他的尸体挂在绳子上，他的手也紧紧地抓着那根绳子，而他距离地面仅仅10尺。

走出帕米尔高原

俗话说："在家靠父母，出门靠朋友。"当你决定出外郊游时，最好能叫上你的同学或朋友与你同行。这样，一方面可以排遣旅途中的寂寞；另一方面，多一个人就多一份生存的力量和希望，减少危险。

帕米尔高原是天山、昆仑山、喀喇昆仑山的交汇之处，又是古丝绸之路中国段的终点。那里风光绝美，三座直上云霄、海拔七千多米的雪峰巍然屹立，全路段几百公里都是连绵不断的冰山雪峰。

因为海拔较高，所以那里的冬天奇寒无比，加上恶劣的天气，经常有人在赶路时由于体能耗尽而被冻僵甚至冻死在路上。

这天，一个淳朴善良的外地旅行家独自一人行走在雪域高原上，目光所及之处，漫山遍野白雪皑皑，远远望去根本见不着个人影，旅行家加快步伐，向离他最近的一个村庄走去。

不知走了多久，另一个探险家从后边赶了上来。两个人赶路，比一人独行要强得多，两个异乡人之间如有默契，只相互点了下头，就并肩赶路，并无寒暄，为的只是尽可能少消耗体内的热量。

又走了几里路，天上飘起了雪花，天气愈发寒冷刺骨。旅行家感到有些吃不消了，探险家看了他一眼，继续大步流星地赶路，看上去他的体能保持得还不错。

正在这时，一个冻僵的老人出现在二人面前，老人衣衫褴褛，浑身被一层冰雪包裹着，已经分辨不清是死是活。旅行家对探险家说："咱们架上老人，一块儿走吧。"探险家却反驳道："你在开玩笑吧，就咱俩还不知能否走得出去，再架上这个老头儿，还不等于自己找死？"

最终，探险家独自一人疾走而去，只留下一串长长的脚

印，旅行家背负着冻僵的老人，在茫茫雪海里蹒跚而行。

老人的体重压得旅行家浑身冒汗，汗水的热量却让老人渐渐苏醒过来，醒过来的老人和旅行家互相借着彼此的体温，不至于被严寒冻僵，最终，他们奇迹般地跋涉到村庄附近。就在旅行家和老人看到村庄轮廓的时候，他们发现一具尸体，旅行家走近一看，原来是刚刚还与他并肩而行的探险家。

卓根·朱达的故事

卓根·朱达是哥本哈根大学的学生，有一年暑假在哥本哈根当导游。因为他总是为游客作许多额外而贴心的服务，几个芝加哥来的游客就邀请他去美国观光。旅行路线包括在前往芝加哥的途中，到华盛顿作一天的游览。

卓根抵达华盛顿以后就住进"威尔饭店"，他在那里的账单已经预付过了。他这时真是乐不可支，外套口袋里放着飞往芝加哥的机票，裤袋里则装着护照和钱。后来这个青年突然遇到晴天霹雳，当他准备睡觉时，才发现皮夹不翼而飞。他立刻跑到柜台那里。

"我们会尽量想办法。"经理说。

第二天早上皮夹仍然找不到，卓根的零用钱连两块钱都不到。自己孤零零一个人待在异国他乡，应该怎么办呢？打电报给芝加哥的朋友向他们求援，还是到丹麦大使馆去报告遗失护照，还是坐在警察局里干等？

他突然对自己说："不行，这些事我一件也不能做。我要好好看看华盛顿。说不定我以后没有机会再来了，但是现在仍有宝贵的一天待在这个国家里。好在今天晚上还有机票到芝加哥去，一定有时间解决护照和钱的问题。我跟以前的我还是同一个人，那时我很快乐，现在也应该快乐呀。我不能白白浪费时间，现在正是享受的好时候。"

感悟
gǎnwu

多走走，多看看，外出旅行时，要注意保管好自己的财物，如果不慎丢失，要想出一些办法尽量减少损失。聪明的卓根·朱达按原计划行动，没有让时间白白浪费掉，从而度过了一个充实的假期。

于是他立刻动身，徒步参观了白宫和国会山庄，并且参观了几座大博物馆，还爬到华盛顿纪念馆顶端。他去不成原先想去的阿灵顿和许多别的地方，但他看过的，他都看得更仔细。他买了花生和糖果，一点一点地吃，以免挨饿。

等他回到丹麦以后，这趟美国之旅最使他怀念的就是在华盛顿漫步的那一天。"现在"就是最好的时候，他知道"现在"还没有变成"昨天我本来可以……"之前就把它抓住。

就在出事后的第五天，华盛顿警方找到了他的皮夹和护照，并且送还给他。

卓根·朱达每每回忆起来，都会觉得这是个快乐无比的暑假。

瓦斯卡兰山的冒险者

秘鲁有两位年轻的登山爱好者，一个叫马翁尼，一个叫茜娅。他俩不仅在秘鲁很有名气，在世界上也是数一数二的徒手攀岩冒险家。

1982年5月，他们决定向安第斯山脉在秘鲁境内的瓦斯卡兰山进军。

瓦斯卡兰山的最高峰海拔6800米，主峰是一座四周几乎垂直的花岗岩峭壁，上面只有一些天然凹坑和石缝，还从没有人征服过它。

5月6日，他俩花了十多个小时，从瓦斯卡兰山下攀登到主峰峭壁前的平台上，这里已是海拔5800米。他俩决定把最艰难的1000米峭壁留到第二天攀登。

登山运动俱乐部的直升机早已将他们的帐篷和生活用具运到了平台上。他们休息了一会儿，就赶在天黑前支好了营帐。

筋疲力尽的他们疲惫地钻进各自的睡袋，一闭眼就睡熟了。

半夜时分，大地突然剧烈地抖动了一下。接着，漫山遍野

响起了滚石的崩裂和撞击声。

慌乱之中的马翁尼冲着茜娅大喊："怎么回事？茜娅。"

这时，茜娅也从睡袋里出来了，她说："我不知道呀。大地怎么摆动起来了？"

他们哪里知道，原来长期蓄积在地壳里的能量在这一天爆发了出来，大地震开始了！

不一会儿，他们的帐篷被乱石砸塌了。马翁尼抓住茜娅的胳膊，打着手电筒，四处寻找能藏身的地方。他很快找到峭壁的一个凹陷处，拉着茜娅躲了进去。

茜娅不安地颤抖着，说："如果峭壁倒塌，谁也找不到我们的尸体！"

"放心吧。黄昏前我打量过这堵峭壁，除非震中在海拔2000米以上，不然它是不会坍塌的！"马翁尼安慰着茜娅。

果然，长达1分钟的大地震和几次余震过去了，这座峭壁仍岿然不动。

茜娅这时才放下心来，索性在峭壁下放好抢出来的睡袋，对马翁尼说："继续休息吧。天亮后，再检查行李的损失。"

东方渐渐地露出了亮光，茜娅首先醒来了。她急忙查看了一下，发现他们的干粮全部失去了。更痛心的是，几双为了对付峭壁用的特制登山鞋，也被巨石砸得稀烂。

马翁尼也醒了，忧虑地说："饿肚子不怕，没了这几双登山鞋，要攀上这陡立的1000米花岗岩峭壁，真不可思议！咱们要不要等一等直升机，让他们给咱们送几双登山鞋来？"

茜娅果断地说："别等了，发生了大地震，直升机准忙得不可开交。咱们就穿原来的登山鞋攀登吧。"

马翁尼扔下被砸烂的那包登山鞋，点点头说："好，你有决心，我一定跟你一起创造奇迹！"

他们找出攀岩缆绳和岩锥，一前一后开始向上攀登。

起初的500米十分顺利，马翁尼一次又一次将岩钩抛向头顶上方的目标。他一手抓缆绳，一手用岩锥插进岩缝向上攀登，缺少了带锥刺的登山鞋似乎也不受影响。

虽然攀登比较顺利，但是，他还是警告茜娅说："岩缝太多了，我怀疑是地震造成的。你在下面，一定要注意避开滚石！"

"你放心吧，我会注意的。"茜娅大喊着。

他们又向上攀登了200多米。这时，头顶上响起一阵又一阵岩石的崩裂声。很快，一块巨岩从峭壁最上方轰然坍下，在他们身边炸成碎块，发出震耳欲聋的滚石声。

马翁尼全身紧贴着岩壁，避开了这些巨岩的打击。但茜娅躲避的一个凹陷处，横空飞来一块巨石，一下砸中了她的左脚，疼得她忍不住叫喊起来。

马翁尼心中一惊，在上方喊道："茜娅，你怎么样了？"

"我的左脚掌……全没有了！"茜娅痛苦地回答着。

这时，茜娅已不敢看左脚，只感到脚踝下面像被火烧着一样。

马翁尼十分着急，但他镇定地想："现在不能贸然下去救她，只有攀上山顶，才能放下缆绳去援救。"于是，他一面大声安慰茜娅，一面加速向上攀登。

茜娅明白马翁尼的意图。为使自己不至于昏迷过去，她大声唱起歌来，一面腾出右手，用止血带将左小腿牢牢扎牢。

不一会儿，山顶上传来了马翁尼的欢呼声。很快，她眼前又出现一根细而坚韧的尼龙登山绳。茜娅眼中涌出泪花，她咬一咬牙，双手抓住登山绳，一步步向上攀登。

在马翁尼的帮助下，茜娅终于登上了瓦斯卡兰山顶峰。这时，援救他们的直升机在远处出现了。

感悟
ganwu

对于登山爱好者而言，挑战极限，征服一座又一座的山峰，是他们毕生追求的梦想。征途中所有的困难与灾难都将被登上山顶那一刹那的喜悦和自豪所冲淡。

每天都有彩虹

一个年轻人每天经过一条街道上班时，都能看到一位满头白发的老人。老人坐在一个非常破旧的屋檐下，脸上绽满了满足和幸福的笑意。年轻人很不解，那个老人的衣着很一般，脸上也没有好生活滋养出来的油色光泽，一点也不像富贵家庭养尊处优的老人，而且那么老，一眼望去便能知道他的过去已饱受过沧桑。为什么这样的老人却有那么满足和幸福的神态呢？

有一天，心情郁闷的年轻人经过那个老人身边时禁不住停下了自己的脚步。他在老人身边蹲下来，小心翼翼地问老人："老人家，您有一份退休金吗？"年轻人想，看上去这么满足的人，肯定会有一份不菲的退休金的。但老人笑笑说："退休金？我没有。"

年轻人想想，又俯在老人耳边说："那您肯定有一笔丰厚的积蓄了？"

"积蓄？"老人听了，又笑着摇头说，"我也没有。"

年轻人想了想又问老人说："那么您的子女一定生活得很不错，有自己的公司，或者身居要职吧？"

老人一听，又摇摇头说："他们什么也没有，都不过是平常的工人，靠劳动挣工资，靠工资养家糊口而已。"年轻人一听，就更加不解了，他问老人："我每天从这里经过看见您，见您都是很幸福，很满足的样子，老人家，您能告诉我这是为什么吗？"

老人说："我每天都在看天上的彩虹呀。"每一天？年轻人更疑惑了，彩虹一年也就出现那么三两次，怎么会每一天都有呢？

见年轻人不解，老人笑笑说："我这一辈子，讨过饭，逃过荒，背井离乡十几年，曾经好多次死里逃生。唉，真是没有

感悟
gǎnwù

世界上有很多美好的事物，但是很多人眼里满是忧伤，所以看不到这一切。他们看见的总是消极的东西，所以心情也总是黯淡的。晴天，阳光可以照耀万物；雨水、甘露可以灌溉大地。不管晴天还是雨天，都有它美好的一面，只要我们以积极的心态去寻找，去发现。其实，在这个世界上——美，无处不在。

少受过难，少吃过苦，人生的酸甜苦辣，老头儿我都尝遍了，人生的辛酸泪水，我也流尽了。"老人又笑笑说："可如今呢，我居有屋，食有粥，几个儿女虽说不才，却也每人都有一份自己的工作，一份自己的工资，小伙子，你说我能不感到满足和幸福吗？我能不每一天都看到彩虹吗？"

老人顿了顿，又感叹说："其实，哪一天没有彩虹呢，只是没流过泪的眼睛看不见，只要流过泪，人每天都能看到彩虹。"

年轻人一听，心顿时一颤，是啊，哪一天没有彩虹呢？路上陌生人的一个微笑；朋友电话里的一个轻轻问候；同事一次紧紧的握手；回到家里，妻子的一声轻轻嗔怪，女儿或儿子一个小小的亲昵；出门时，父亲或母亲的一句浅浅的叮嘱……

哪一天没有彩虹呢？只是没流过泪水的眼睛和心灵不能轻易地看到。

每一天都有彩虹，只要我们能透过被泪水洗礼过的眼睛和心灵去看。

星期九的启迪

晚来无事，打开书本充电。

4岁的儿子也忙个不停：一会儿翻幼儿画报，一会儿搭积木，一会儿找蜡笔画画。看他忙得不亦乐乎，这于我是最相宜不过了。

看书正酣，突然听见儿子拿起电话拨打。这个小家伙刚刚学会认识几个阿拉伯数字，便全部实践在打电话上了。

只听他煞有介事地叫着小伙伴的名字，两个小人儿便叽里咕噜地商量起大事了："好，星期九，我们一块儿玩。就这么定了。噢！再见！"

儿子挂了电话，又在房间里跑来跑去撒欢发疯起来。我把

他喊到了跟前："你刚才说什么？星期九？"

儿子一蹦一跳地说："妈妈，星期九你带我去二宝家玩吧，我们已经说好了。"

听了这个傻小子的话，我笑得差点岔了气。儿子莫明其妙地望着我……

"傻儿子，"我点着他的额头说，"一个星期只有七天，没有星期九。"

儿子回过神来撒娇地说："不嘛，就有，就有。二宝都答应了。"我花费了许多口舌试图让儿子明白。他干脆堵起了耳朵："为什么有星期一、星期二，就没有星期九？"

我只好放下书本，给儿子耐心地讲解起来："星期是一种以7天为周期循环纪日的制度。公元前2000年前后，古巴比伦人曾将一朔望月分为四部分（朔月、上弦、望月、下弦），每一部分差不多都是7天。而后把7天分别配上太阳、月球、火星、木星、金星、土星的名字，星期由此得名，并于公元321年3月7日为古罗马君士坦丁大帝正式颁行，沿用至今。"我知道他还听不懂这些，但我还是试图让他提前了解一些这方面的知识。

临睡前，儿子小声问我："妈妈，把明天当成星期九，好不好？我想去找二宝玩。"

面对儿子怯怯的低声祈求，我的心立刻柔软清澈起来，所有的学识和大道理全抛到了九霄云外。把明天当做星期九，当成心目中每一个快乐的日子，每一个充满希望和心想事成的日子，这是一个懵懂无知的孩童给我的启迪。

· 放下即快乐 ·

有一个富翁背着许多金银财宝，到远处去寻找快乐。可是走过了千山万水，也未找到快乐，于是他沮丧地坐在山道旁。

感悟
gǎnwù

　　把哪天当做"星期九"，把哪天当做快乐的日子，只要我们愿意都可以实现。虽然现实中明天未必就是一个美好的日子，但是如果我们期待它是快乐的，也许到了明天它就变得快乐了，关键是我们自己的心态。找到自己心中的"星期九"，那个使我们快乐的日子，那个我们应该快乐的日子。

感悟
gǎnwù

不是什么事情都如自己想象的那样一帆风顺，我们会有很多烦恼和负累。如果我们总是难以忘怀，难以放弃，就会被它所羁绊；如果放下了，就能轻装上阵，以轻松的心态去迎接挑战，不受任何干扰地去做自己的事情。

这时，一个农夫背着一大捆柴草从山上走下来。富翁说："我是个令人羡慕的富翁，请问为何没有快乐呢？"农夫放下沉甸甸的柴草，舒心地揩着汗水说："快乐也很简单，放下就是快乐呀！"富翁顿时开悟：是啊，自己背着沉重的珠宝，既怕人偷又怕人抢，还怕被人谋财害命，整天提心吊胆，快乐从何而来？于是，他放下财宝，并用它接济当地的穷人。从此，富翁不再担惊受怕，忧心忡忡，反而因为帮助了穷人，得到了穷人的感激和爱戴而快乐起来。

"放下就是快乐"，这的确是一剂灵丹妙药。于是我也试着服用此药，把心事放下，把烦恼抛开，重新调整自己，对什么事都看得开，想得明，放得下，不瞻前顾后，不计较名利得失，白天认认真真尽自己所能努力工作，晚上竟然也同妻子一样能安安稳稳、踏踏实实地进入梦乡了。

放下即快乐，对每个人都适用。

第 *6* 章

走进生活的课堂

实践出真知。实践是检验真理的唯一标准，实践是激发创造力的无穷动力。没有了实践，人类历史的车轮将会停滞不前。

让我们一起体验实践中的创造之美，陶醉于其中的无限乐趣，领悟其中的人生哲理。

· 碎片里的奥秘 ·

不要忽视了
生活中那些看似
微不足道的小事
情，因为这些小
事情里面往往包
含了许多宝贵的
灵感与契机。世
界上的事情还真
是复杂中见简
单，简单中又隐
藏着复杂与奥
秘。擦亮你的心
灵吧，不要让自
己敏锐的触觉蒙
上了灰尘。找出
生活小事中的种
种联系，成就你
的大智慧。

考古工作中出土的文物并不总是完整的，有时候，考古学家们只能得到文物的碎片，但是他们有着绝妙的办法，不但能够推测出文物完整的形状，还能够恢复出土文物的原貌。发明这个方法的人是丹麦科学家雅各布·博尔。他的方法并不是凭空想象出来的，而是起源于一只打碎了的花瓶。

一天，博尔先生正在演算一项实验的数据，不小心一伸胳膊把桌子上的花瓶打碎了。望着地上的花瓶碎片，他愣住了。在收拾花瓶碎片的时候，他注意到花瓶的碎片并不均匀，而是有大有小，而且很明显，小碎片远远多于大碎片。他再次仔细观察那些碎片，也顾不上碎片会划伤手，就用手拨开碎片耐心地看。他按照碎片大中小的顺序把那些花瓶碎片重新整理，并且给大中小碎片分别称重。之后，他得出结论：10 克到 100 克的碎片最少，1 克到 10 克的碎片稍多，而 0.1 克到 1 克的碎片最多。

弄清了这一点，博尔先生并不满足，他开始思索这里边是不是有什么规律。他耐心地记录了所有的碎片重量，并且对比演算那些数据，最终发现了一个有趣的事实，那就是碎片的重量之间有着严格的倍数关系。也就是最大碎片和次大的碎片重量之比为 16：1，次大碎片和中等大碎片的重量之比同样为 16：1，而中等大碎片和较小的碎片重量之比还是 16：1，同样，较小碎片和最小碎片的重量之比也是 16：1。这是一个新奇的发现。为了能够确定这一规律，博尔先生进行了多次实验，并最终确定了这一比值。

有了这个发现，博尔先生立即想到了考古研究中的文物复原以及天体研究中的陨石原貌复原，只要按照这一倍数关系，人们就可以很容易地根据文物碎片和陨石碎片来推测出它们的原貌了。

· 巧 剥 花 生 ·

有一个老爹年纪大了，不想再操心当家，他准备让位给儿子。他有两个儿子，到底让谁当家好呢？

一天晚上，老爹把两个儿子叫到跟前说："这里有两袋花生，你俩拿去剥，看是不是每一个花生仁都是有红皮包着的。谁先剥完，又能说出正确的答案，谁就是胜利者，也就是以后的当家人。"两个儿子答应了，带了花生各自回房间干活。

大儿子回房后，什么都不想，赶快动手剥花生的，一点儿都不敢耽误。他边剥边想：早点儿动手肯定能赶在前头，弟弟做事一向很慢，这次我一定能超过他。

二儿子边走边想：爹爹到底要的是什么答案呢？肯定不会是让一个一个剥花生，这样的话，我和哥哥还比什么啊？哥哥干活一向比我快。这里肯定有技巧在！于是，二儿子就边剥花生，边思考快速得到答案的方法。

时间很快过去了，大儿子干了整整一个通宵，鸡叫时才把最后一颗花生剥完。二儿子二更前就找到了方法，早早上床睡觉去了。

第二天早上，大儿子一夜没睡当然起得迟，匆匆赶到爹爹那里的时候，弟弟已经来了，奇怪的是弟弟跟前还放着一袋没剥的花生。

老爹说："小二先来的，小二说。"

二儿子说："袋子里所有的花生都是有红皮包着的。"

大儿子气得叫嚷起来："你都没有剥完怎么可能知道结果？"

二儿子说："我是没有全部剥，但是我把它们分了类，肥的、瘦的、大的、干净的、颜色发黑的、一个仁的、两个仁

的、三个仁的，各种各样的我都挑了几个剥开看，结果全都有红皮包着，所以我说这袋子里所有的花生都是有红皮包着的。"

老爹高兴地点点头，大儿子却低下了头。

怎样计算灯泡的容积

发明家爱迪生曾经有个名叫阿普顿的助手，他毕业于普林斯顿大学数学系，又在德国深造了一年，自以为天资聪明、头脑灵活，甚至觉得比爱迪生还强很多，处处好卖弄自己的学问。但是一个事实教育了他，让他从此以后不敢再到处卖弄学问。

有一次，爱迪生把一只梨形的、有孔的玻璃灯泡交给了阿普顿，请他算算容积是多少。

阿普顿拿着那个玻璃灯泡，轻蔑地一笑，心想："想用这个难住我，也太小看我了！虽然这个问题计算起来非常复杂，但是凭着我的数学本领，多用些时间，还是可以求出来的。"

他拿出尺子上上下下量了又量，还依据灯泡式样画了一张草图，列出一道道算式，数字、符号写了一大堆。他算得非常认真，脸上都渗出了细细的汗珠。

过了一个多钟头，爱迪生问他算好了没有。他边擦汗边说："办法有了，已经算了一半多了。"

爱迪生过来一看，在阿普顿面前放着许多草稿纸，上面写满了密密麻麻的等式。爱迪生看了微笑着说："何必这么复杂呢？还是换个别的方法算吧。"

阿普顿仍然固执地说："不用换，我这个方法是最好最简便的。"

又过了一个多钟头，阿普顿还低着头列算式。爱迪生有些不耐烦了，他拿到玻璃灯泡，倒满了水，然后交给阿普顿说："去，把灯泡里的水倒到量筒里量量，这就是我们需要的

答案。"

阿普顿这才恍然大悟，爱迪生的办法非常简单而精确。从此，他非常佩服爱迪生的能力。

等待的幻想家

在南极洲，有一种动物——企鹅，成群地居住在海边。它们身穿黑"衣"，头戴黑"帽"，肥胖的身躯走动起来摇摇摆摆，一个个好像大腹便便、身穿燕尾服的绅士。它们常常站在冰面上，抬起脑袋东张西望，好像等待着什么。

一只海燕飞来，问道："你们究竟在等什么呀？"

"我们要周游全世界！"其中的一只大企鹅腆起大肚皮答道，"我们希望开过来一条美妙无比的大船载着我们，这个理想就实现了。"

海燕说："大海连通世界各地，你们不是都会游泳吗？何必站在这里干等呢？"

"那……多累呀！"那只大企鹅不高兴地嘟嚷着，它的同伴也都不高兴地扭过头去。

"不然，你们也可以飞嘛！"海燕热情未减，又建议说，"你们也是鸟，都长着两只翅膀！"

这一说，企鹅面面相觑，顿时哑口无言了。原来，由于它们懒得飞翔，天长日久，两只翅膀变得光秃秃的，像船桨一样，再也飞不起来了。

海燕叹了口气说："你们想周游世界，却懒得游泳，又把飞翔的本领丢得精光，那么，也只好就这样等着了！再见，可敬的幻想家们！"说完，展翅飞向辽阔的海洋。

千万年过去了，直到今天，那些企鹅还成群结队地站在南极洲的冰面上，东张西望地等候着，企望有一只大船来接它们去旅行。

感悟 gǎnwù

我们常常活在由理想编织的一个美丽的梦里，当一天和尚撞一天钟，而迟迟不采取行动，不知道实践才是通往成功的唯一途径。结果像企鹅那样，永远停留在原地，消磨了意志，结果到头来一事无成。

留下时间思考

卢瑟福是英国著名的现代原子物理学的奠基者，他不仅是一位伟大的科学家，而且也是一位伟大的导师，在他的实验室中培养出了众多杰出的物理学家。

有一天深夜，卢瑟福走进自己的实验室，看见一个研究生仍勤奋地在实验台前工作，他非常的专注，对卢瑟福的到来都没有一点察觉。

卢瑟福走到他身旁，关心地问道："这么晚了，你在做什么？"

研究生答："我在工作。"

"那你白天做什么了？"

"我也在工作。"

"那么，你整天都在工作吗？"

"是的，导师。"研究生带着谦恭的表情承认了，似乎还期待着卢瑟福的赞许。

卢瑟福稍稍想了一下，然后说道："你很勤奋，整天都在工作，这自然是很难得的，可我能不能提醒你，你用什么时间来思考呢？思考有时比我们手头的工作还要重要。"

自己的声音

有一位农场主要搬家，他雇了一个人来搬东西，这个人一不小心，失手打碎了一个贵重的花瓶。农场主非常的生气，训斥了这个人一顿后还要这个人赔，可是这个人很穷，哪里能赔得起呢？

穷人没有办法，只好去教堂恳请神父出主意。

神父对他说："听说有一种能将破碎的花瓶粘起来的技术，

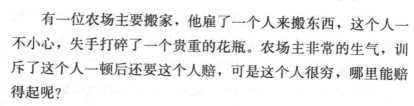

你不如去学这种技术，只要将农场主的花瓶粘得完好如初，不就可以了嘛。"

穷人听了直摇头，说："哪里会有这样神奇的技术？将一个破花瓶粘得完好如初，这是不可能的。"

神父说："这样吧，教堂后面有个石壁，上帝就在那里，只要你对着石壁大声说话，上帝就会答应你的要求。"

抱着试试看的心理，穷人来到石壁前，对石壁说："上帝，请您帮助我，只要您帮助我，我相信我能将花瓶粘好。"

话音刚落，上帝就说话了："你能将花瓶粘好。"

得到上帝的旨意后，穷人信心百倍，辞别神父，去学粘花瓶的技术了。

一年以后，这个穷人通过认真的学习和不懈的努力，终于掌握了将破花瓶粘得天衣无缝的本领，将那只破花瓶粘得像没破时一样，还给了农场主，而他从此也有了一门生存的手艺。

· 天才面包师 ·

有这样一个天才面包师，自打一生下来，就对面包有着无比浓厚的兴趣，闻到面包的香气就如醉如痴。他的梦想就是长大后当一名面包师，和自己喜欢的面包终生相随。

长大后，他如愿以偿地做了面包师，并远近闻名。大家都知道他做面包的认真，近乎于"苛刻"：他做面包时，要有绝对精良的面粉黄油；要有一尘不染、闪光晶亮的器皿；打下手的姑娘要令人赏心悦目；伴奏的音乐要称心宜人。四个条件缺一不可，否则酝酿不出情绪，没有创作灵感。

他完全把面包当做艺术品，哪怕只有一勺黄油不新鲜，他也认为那简直是难以容忍的亵渎。哪一天要是没做面包，他就会满心愧疚：馋嘴的孩子和挑剔的姑娘只能去觅那些粗制滥造的面包了。他从来不去想今天做了多少生意，然而他的生意却

出人意料的好，超过了所有比他更聪明活络、更迫切赚钱的人。

磨刀不误砍柴工

从前有一个大官员准备修建一项水利工程，他招了一批伐木工人去伐木，伐木工人的报酬是按砍的树木棵数来算的，于是所有人都很努力，抓紧每一分每一秒，希望能多砍几棵树。

一天，这个大官员亲自去伐木现场视察，伐木的工头把工人们的工作进度给大官员看，这个大官员看见账本上记着一个工人的伐木情况是一天比一天少，第一天，他砍了18棵树；第二天只砍了15棵树；第三天仅砍了10棵树。

大官员想弄明白为什么这个工人会这样，于是在工头的带领下，他见到了这个工人。

工人见到大官员走到自己跟前，非常紧张，他也为自己的情况感到担忧。工人以为接下来是大官员的一番训斥，可一切都很意外。

大官员问他："你第一天砍的树是最多的，非常的棒，但为什么后来不能保持呢？"

工人怯生生地回答道："我也不知道怎么了，好像力气越来越小。"

"你上一次磨斧子是什么时候？"大官员问道。

"磨斧子？"工人悔恨地说，"我天天忙着砍树，竟忘记了抽出时间磨斧子！"

"伐木需要磨斧子，"大官员说，"你先试着磨斧子，再工作，我相信你能保持一天18棵树的成绩。"

工人照大官员的话做了，一切果然如大官员所说的，他成了伐木组最好的一员。

李时珍尝"仙果"

《本草纲目》是明代著名医药学家李时珍于公元 1578 年编撰的，是一部论述药物学的专著，其内容颇多博物学价值。《本草纲目》包含着李时珍将近 30 年的心血，记录着李时珍饱尝辛苦的艰难历程。

李时珍出生于医生世家，也曾继承家业，做过医生，主张革新，并重视临床实践。为了修订《本草纲目》，李时珍知道光靠书本上的研究还远远不够，他决定迈开双脚到大自然中去。公元 1565 年，李时珍离别了妻儿，带上徒弟，穿上草鞋，背起药筐，拿起药锄，带上医书和笔记本出发了。他们以蕲州为起点，历尽风霜，长途跋涉，先后到了江西、江苏和安徽等地，数年之间，他们的足迹遍及大江南北。

一天，李时珍来到均州（今湖北均县）大和山（武当山）采访时碰到一件怪事：人们传说这里的山中出"仙果"，吃了这种"仙果"，可以"长生不死"。山上五龙宫的道士吹嘘，这种称为榔榆的"仙果"是由神仙贞武大帝在修炼时，把梅枝插到榔榆树上接活的，因此，这种树干是榔榆木，果实像梅子的东西便成了"仙果"。道士为了讨好皇帝，每年采回后，用蜜汁腌好，作为贡品献上去。李时珍不相信世上有什么"仙果"，他不顾别人的劝阻，冒着危险爬上山头，终于采到一枚榔榆梅果，他仔细观看，反复对比，并亲自尝了榔榆梅的滋味。他指出，榔榆梅只有生津止渴的功效，并没有什么神秘，从而揭开了"仙果"的秘密。

李时珍十分认真，每到一处都亲自采集标本，对比药书并详细做笔记，订正错误。他白天出没于山林之间，晚上住宿在山野小店，虚心向药农、樵夫、猎户和渔夫请教，

细心地识别草药，收集单方和验方。他不肯放过一点儿疑惑之处，任何问题都要弄个明白。在实践中，他的学识和经验迅速地增加了。

李时珍为编纂《本草纲目》呕心沥血27年，经过3次修改，终于完稿了，这时，他已经是61岁的老人了。

张大千妙烹"鸡套鸽"

张大千是一位具有世界影响的国画大师。他在创作上的卓越成就，与他渊博的学术修养，深厚的生活积累以及他广结师友、裁长补短密不可分。除绘画外，他对烹饪也有涉猎，自创了许多别具特色的美味佳肴。

相传20世纪30年代时，张大千和他的哥哥张善子寓居苏州网师园。作画之余，张大千常邀同道名流在此宴饮论画，宴饮高兴时还会亲自下厨烹调一两道拿手佳肴飨客。

一次，有一位扬州籍名士来张大千家做客，席间他忽然思念起家乡的名菜"三套鸭"来。这"三套鸭"是用家鸭、野鸭、鸽子，层层相套，禽腹间填以冬菇、火腿、冬笋片等，入砂锅用文火煨制而成，是一道功夫菜。张大千闻知后，捋了捋他的黑胡子，说道："莫恼，我有办法，待我为您做一道大风堂'鸡套鸽'尝尝，说不定我的'鸡套鸽'胜过您的'三套鸭'呢！"

酒过数巡后，张大千风风火火地亲自下厨做"鸡套鸽"，过了一些时候，他把砂锅端上桌。众人开盖下箸，但闻一股异香从砂锅里溢出，再看那汤汁，清澈宜人。夹肉舀汤，味道清醇而雅淡，似非人间烟火。席上宴客无不赞誉有加，在客人的追问下，他说出了这套菜的来头。

原来，这道"鸡套鸽"是张大千在"三套鸭"的启发下，突发灵感而自创的。是用3斤重的嫩母鸡1只，鸽1

只，鸡宰杀烫毛清洗，鸽用方孔铜钱套嘴闷死后洗净，接着将鸽子套入鸡腹，用棉线捆扎，再取鸽蛋 20 只煮熟剥壳，一起放入砂锅煨透。至于调料，仅豆油、姜片、食盐少许即可。

张大千微微一笑："各位，'鸡套鸽'的风味为何比'三套鸭'更胜一筹，这是因为无论家鸭、野鸭，总难免有股鸭膘气，这与画画儿一样，出一败笔会破坏全局，我扬长避短，将鸭改成鸡，则使其肴回味无穷。"

·锯 的 诞 生·

相传有一年，鲁班接受了一项建筑一座巨大宫殿的任务。这座宫殿需要很多木料，他和徒弟们只好上山用斧头砍树。当时还没有锯子，他们的工作效率非常低。

一次上山的时候，鲁班无意中抓了一把山上长的一种野草，没想到野草一下子将他的手划破了。鲁班感到很奇怪，一根小草为什么这样锋利？于是他摘下了一片叶子来细心观察，发现叶子两边长着许多小细齿，用手轻轻一摸，这些小细齿非常锋利。他明白了，他的手就是被这些小细齿划破的。后来，鲁班又看到一只大蝗虫在一株草上啃叶子吃，两颗大板牙非常锋利，一开一合，很快就吃下一大片。这同样引起了鲁班的好奇心，他抓住一只蝗虫，仔细观察蝗虫牙齿的结构，发现蝗虫的两颗大板牙上同样排列着许多小细齿，蝗虫正是靠这些小细齿来咬断草叶的。

这两件事给了鲁班很大启发。于是，他就用大毛竹做成一条带有许多小锯齿的竹片，然后到小树上去做试验，结果几下子就在树干上划出一道深沟，鲁班非常高兴。但是由于竹片比较软，硬度比较差，不能长久使用，拉了一会儿，有的小锯齿就断了，有的变钝了，需要更换竹片。鲁班想到了铁片，便请

| 感 悟 |
| ganwu |

鲁班有着强烈的好奇心，很注意对生活当中一些微小事件进行观察、思考和钻研，从中找到解决问题的方法和思路，甚至获得某些创造性发明。这告诉我们一个道理，留意生活中许多不起眼的小事，勤于思考，会增长许多智慧。

铁匠帮助制作带有小锯齿的铁片。鲁班和徒弟各执一端，在一棵树上拉了起来，只见他俩一来一往，不一会儿就把树锯断了，又快又省力。锯就这样诞生了。

幸运就在一根棒上

"记住，幸运也许就在一根棒上。"这是一位工厂老板喜欢用来启发人的一句话。而他自己的幸运就是在一根棒上。

这个工厂老板原来是一个穷苦的旋工，他没有别的收入，只能靠制作雨伞手柄和环子来挣一点小钱，勉强养活全家人。

他每天总是从早忙到晚，可是仍然挣扎在贫困线上。因此，他常常对别人说："老天爷真不公平，我从来也没有碰到过幸运的事儿。"

旋工的小房子前有一块空地，只生长着一棵非常高大的梨树。

其实，幸运已来到了他家，就藏在这棵梨树里面，只不过旋工现在还看不到。

这是一个阴沉沉的夜晚，忽然刮起了一阵狂风，一下吹断了这棵梨树的一根大树枝。

这根树枝掉在地上，旋工看到以后便用它车出了一个大木梨，接着又车出一个小木梨，最后又车出了一些更小的小木梨。

他把这梨交给孩子后，让他们当玩具玩。

这是一个多雨的国家，因此每个家庭都要准备好几把伞。不过旋工家却只有一把。最让他忧心的是，这把伞上的小扣子，老是扣不牢，让他不得不修了又修。

有一天，当他拿起那把伞时，那个扣子又掉了，于是他在地上仔细地寻找，可是找了好一会儿也没有找到。突

然，他在地上发现了那个最小的木梨，也就是他车出来给孩子们玩的那个。他仔细地琢磨了一会儿，便动手在小木梨上钻了一个小孔，然后把小木梨放在伞把上与那个扣子环一试，不大不小正合适。于是，这个小木梨便成了伞上最合适不过的小扣子。

第二天，他为商人去送雨伞把的时候，顺便带去了几颗小木梨，他对商人说：

"请您试用一下这种新的木梨扣吧。它比以前的扣子好用多了!"

商人试了试，觉得非同一般，好极了。于是这些小木梨扣和雨伞把被一起送到美洲去了。那里的人一致赞赏这种小木梨扣，要求商人所有的雨伞上必须有这种小木梨扣。

这样一来，小木梨扣成了紧俏货，旋工便日夜不停地工作，那棵不结果实的大梨树便是最好的材料，最后它完全变成了小木梨扣。

旋工用小木梨扣赚来一大笔钱，他用这笔钱开了一家工厂。于是，他逢人便说：

"我碰到了好运气，我的幸运就藏在这棵梨树上。"

后来，他便喜欢启发别人："记住，幸运也许就在一根棒上。"

·天生的机器匠·

亨利·福特作为世界著名的"汽车大王"，其一生充满了许多的故事。

1869 年，5 岁半的亨利·福特第一次跨进了学校的大门。这个孩子是个天生的小机器匠! 年少的他有一个小小的工具箱，里面放着他的"宝贝"：一块父亲送给他的"恺撒"表，自己制作的小锉刀，用母亲的毛衣针制成的几把螺丝刀，用母亲的胸针弯成的镊子以及锯子、螺丝、钉子、锤子和钻孔机，等等。亨利就是用这些工具，整天忙得不亦乐乎。

一天下课后，小学生们个个像出笼的小鸟，向教室外冲去。亨利看见老师走出了教室，就把手伸进课桌，小心翼翼地拿出一块拆卸了一半的怀表，这时一些同学围了上来。只见亨利把表拆开来，然后又一个零件一个零件地拆下来，乐此不疲。在同学们眼中，亨利是一个"狂热的钟表匠"。

而此时的亨利已经顾不上理会伙伴们了，他得赶紧拆开这块表，琢磨一番后在回家前将它原样装好。"父亲找不到表，一定知道是我干的。"亨利想。

不出亨利所料，一回到家，父亲就来找他，要走了那块怀表。

"农场的那些农具也一定是你拆的吧？"父亲先是仔细地看了看被亨利拿的怀表，又不放心地把它拿到耳边听听"嘀嗒"的走声，然后开始"审问"起这个不安分的小家伙。

他今天到了农场，先是发现自己心爱的怀表不翼而飞，接着雇来的农工阿道夫又来告状，说不知谁把几件农具给拆了个乱七八糟，怎么也装不回去了。"一定是亨利干的，"父亲自言自语道，"家里的东西都快被他拆光了。"

父亲教导了亨利一番，最后他低头认了错，随后又来到农场，在阿道夫的帮助下，装好了农具。

"真拿这孩子没办法！"吃过晚饭，亨利的父亲对他的母亲说。

"孩子还小，有好奇心不是什么坏事。"母亲是支持亨利的。

"爸爸，你送给我的八音盒也被亨利拆开过了，"亨利

的妹妹玛格丽特也说，"不过，亨利已经给我装好了，跟原来的一样。"说着，玛格丽特打开八音盒，悦耳的音乐随之响了起来。

"我得告诉亨利，我不反对他摆弄机械，"父亲看着自己的那块走时正常的金表，"但是他千万不能去动邻居家的东西，他的好奇心已经出了名。现在，有的邻居跟我开玩笑，说是一见到咱们的小机器匠就害怕。"

"你们各自保管好自己的东西，小心它们被亨利给卸了！"最后，亨利的父亲嘱咐家里的其他成员。

亨利每天对着他视为宝贝的各种工具乐此不疲，在他的这种兴趣驱动下，他不断地努力钻研，后来取得了很大的成功，被誉为"汽车大王"。

不沾杂物的洗衣机

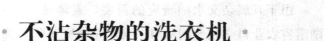

日本有一位名叫笥绍喜美贺的家庭妇女，她平时用洗衣机洗衣服时，老发现衣服上沾上小棉团之类的东西，这让她每次洗衣服都很费劲，可是又没有解决这个问题的办法。这天她正在洗衣服，突然想起幼年时在农村山冈上捕捉蜻蜓的情景，联想到洗衣机中放一个小网不是也可以网住小棉团一类的杂物吗？于是她跟许多正规的科技人员提了这个想法，但大家都认为这样的想法太缺乏科学头脑了，未免把科技上的问题想得太简单。而笥绍喜美贺却没管这些，她在实践中不断研究试验，用了三年的时间，终于获得了满意的效果。

一个小小的网兜构造简单，使用方便，成本低廉，完全符合实用发明的一切条件，投入市场后大受欢迎。很快，世界上很多洗衣机厂商都采用了这一最简单却又最实用的发明。笥绍喜美贺发明的这种洗衣机小网兜，专利期限为 15 年，仅在日

感悟
ganwu

一个普通的家庭主妇解决了科技人员久久思索而未果的难题。生活是最优秀的老师，它总是能给我们最好的启迪，同时它还能帮助我们验证我们想法的正确性。

本她就获得了高达1亿5千万日元的专利费。

杂交水稻的诞生

杂交水稻每年至少要为我国增产100亿公斤稻米，它被认为是对解决世界粮食短缺问题有重大意义的科学发明，这项发明凝聚着一个人的全部心血，他就是被称为"杂交水稻之父"的袁隆平。

袁隆平，1930年9月生于北平，1953年8月从西南农学院毕业后分配到湖南省安江农校任教，在长达19年的教学生涯中，袁隆平一面教学，一面从事生产实践、选择课题进行科学研究，开始走上了作物育种之路。

由于开展杂交水稻研究的需要，袁隆平1971年2月调到湖南省农业科学院专门从事杂交水稻研究工作。为加强和协调杂交水稻的科学研究，1984年6月我国成立了全国性的杂交水稻专门研究机构——湖南杂交水稻研究中心，后又成立国家杂交水稻工程技术研究中心，均由袁隆平任中心主任至今。1995年他当选为中国工程院院士。

1960年袁隆平从一些学报上获悉杂交高粱、杂交玉米、无子西瓜等，都已广泛应用于国内外生产中。这使袁隆平认识到：遗传学家孟德尔、摩尔根及其追随者们提出的基因分离、自由组合和连锁互换等规律对作物育种有着非常重要的意义。于是，袁隆平跳出了无性杂交学说圈，开始进行水稻的有性杂交试验。

袁隆平在研究中吸取了外国同行们的经验教训，总结出水稻是雌雄同株的自花授粉植物，同一朵很小的花上并存着雌蕊和雄蕊，在这种情况下靠人工在放大镜下实行杂交育种，是非常可行的。他想，如果有一种植株雄蕊发育不良，没有授粉生育能力，那么拿其他的稻株，对其雌蕊授粉，就可以培育出杂

感悟 ganwu

袁隆平花费了十几年的时间改良杂交水稻技术，其中的艰辛可想而知。我们常常因为一两次的失败，就想放弃，此时，我们为什么不静下心来找找原因，冷静地分析一下呢？给自己鼓鼓劲，我们的努力是不会白费的。

交种子。

那么，自然界是否有雄性不育的水稻植株呢？为了找到这种植株，他在水稻扬花的季节，到稻田里去作"大海捞针"式的寻找。大家都以为他是想杂交水稻想疯了，他却毫不在意别人的议论，仍然日复一日地细心寻找，终于有一天，他在田地里看到了一株和其他水稻不同的植株，经过仔细辨认，果然是一株雄性不育的水稻！袁隆平欣喜若狂，他半跪在地上，小心翼翼地把它挖了出来，移栽到了试验盆里。可他并没有满足，仍然继续寻找，直到找到了第4株时，他才开始进行试验，终于成功地培育出第一代杂交稻种。

这之后，袁隆平又花了近10年的心血，逐步克服了杂交水稻的繁殖后代中出现的不足，完善了杂交水稻的技术。

为了表彰袁隆平，联合国授予他发明创造金质奖，全世界都尊称他为"杂交水稻之父"。

老鼠推销员

彭尼是美国一个零售商店的老板，商店的生意很不景气，以至于仓库里堆满了积压的货品，成了老鼠的栖息地。彭尼不得不经常到仓库里灭老鼠。在灭老鼠的过程中，他发现了一种奇特的现象：往往在一个老鼠洞里能掏出一窝老鼠，但很少发现有老鼠单独居住的。彭尼是个精明的生意人，善于把发现的奇特现象运用到经营中来。

他在一块胶合板上凿了50个洞，洞边分别编上10％、20％、30％、40％这些数字，再在胶合板后面安上一排瓶子，瓶子里装着他从仓库里捕捉到的老鼠。当他把这些放到柜台上时，吸引了很多顾客看热闹。彭尼对围观的顾客说：他把瓶子里的老鼠放出来，老鼠钻进哪个洞，便按洞边标明的折扣出售商品。

感悟 ganwu

彭尼的做法不仅吸引了顾客的关注、满足了顾客需求，也收获了丰厚的回报。这告诉我们，在生活中要多留心观察，做事情时要多动一点脑筋，也许偶然一个机会，就让你获益匪浅。

围观的顾客感到非常有趣，都纷纷要求购货。彭尼便一次次放出老鼠。它们分别钻进了一个个洞里。但奇怪的是，这些老鼠钻进的都是标明降价10％或20％的洞，从不去钻标明降价30％或40％的洞。

顾客们纷纷议论："难道这些老鼠都经过特殊训练吗?"彭尼笑容满面地说："这一点请放心，我没有那么大的本领来训练老鼠。"

原来，彭尼利用了并非人所共知的老鼠喜欢群居的特性，在需要它们钻的洞上涂上些老鼠的粪便，老鼠闻到同类的味道，就自然而然地钻进了洞里。顾客毕竟是流动的，他们谁也没有对彭尼的办法作深入研究。对于他们来说，每次购货能看到老鼠钻洞的表演，还能得到10％或20％的优惠，他们就心满意足了。不久，彭尼的库存货物就销售一空了。

揭开雷电的秘密

1752年盛夏的一天，北美费城的上空，雷声隆隆，风紧云黑，暴雨就要来临了。市区里，人们奔跑着，四处避雨，熙熙攘攘的街道，霎时间变得空旷起来。这时，只见两个人急匆匆地朝郊外走去。走在前面的，肩宽身高，额阔眸深，他就是富兰克林，后边那个金发少年是他的大儿子。他们特地要在这个雨天去放风筝。

难道富兰克林有如此闲情逸致吗? 不是的。他这样做完全是为了研究电。自1746年看到了斯宾士博士所作的电学表演之后，他就以锲而不舍的钻研精神迅速攀上了电学之巅。而后，他就开始向人类迷惘而恐惧的"上帝之火"——雷电，进军了。但这时，教会和保守派的围攻如潮水般涌来，法国皇家科学院院长诺勒甚至暴跳如雷，他给富兰克林写信，叫嚷着要辩论。富兰克林认为，证明真理不能靠嗓门，只能靠事实。这

正是他去放风筝的目的。

　　大雨滂沱，狂风逞威，父子俩在一所低矮的小房子里放出了风筝，绑着尖铁丝的风筝在风雨中扶摇直上。富兰克林的心里很紧张，他明白这种实验的危险性，但是他宁肯为科学献身，也不愿向迷信和愚昧屈服，他嘱咐儿子站得远一点儿，他说："万一不幸，你替我填写好实验报告书，为科学研究积累资料。"

　　雷鸣电闪中，他看见风筝绳上的纤维毛渐渐飞动起来了。他把莱顿瓶接到风筝绳下端系着的铁钥匙上，莱顿瓶就充电了。"充电了！"这证明云中的闪电与人工摩擦所得的电一样，绝非神物。父亲叫着，儿子跳着，小房子里充满了胜利的欢乐。笔在纸上沙沙作响，富兰克林飞快地写出了实验报告。后来，根据此项实验成果，他发明了保护高大建筑物的避雷针。

　　富兰克林伟大的献身精神粉碎了世界上最古老的迷信堡垒，为唯物主义世界观的确立作出了贡献。法国著名科学家达兰贝赞美他说："在天上，他征服了雷电。"

第1章

以史为鉴，可以知古今

历史是一面镜子，折射着过去和未来。历史是一副车轮，牵载着荣辱与兴衰。

感悟历史，我们倾听到了历史前进的脚步声，体验到那种快速发展对时空的巨大撞击。时代的快速发展，对我们提出了更高的要求。我们在尊敬那些创造过巨大辉煌的人们的同时，也被他们背后鲜为人知的痛苦与艰辛所折服。

感悟文化，知识才会使我们变得更加聪明；感悟文化，世界才会给我们展现崭新前景。

· 梁 上 君 子 ·

东汉汉桓帝时期，有个叫做陈寔的人任太丘长。他理政有方，秉公办事，善于以德感人，深受人们的尊敬与爱戴。

一天夜里，有个小偷溜进了陈寔家里，刚准备动手偷东西，忽然听见脚步声，不好，有人来了。慌乱间，小偷一时找不到藏身之处，便顺着屋内的柱子爬到大梁上伏下身子，大气也不敢喘。

陈寔提着灯进屋来拿东西，偶然间一抬头，瞥见了梁上的一片衣襟，他心知家里进贼了。他一点儿都不惊慌，也不赶紧抓小偷，而是把晚辈们全都叫起来，将他们召集到外屋，然后十分严肃地说道："孩子们啊，品德高尚是我们为人的根本，在任何情况下，我们都应该严格要求自己，不能够因为任何借口而放纵自己、走上邪路。有些坏人，并不是一出生就是坏人，而是因为不能严格要求自己，慢慢地养成了不好的习惯，后来想改都改不过来了，这才沦为了坏人。比如我家梁上的那位君子，就是这种情况。我们可不能因为一时的贫困而丢掉志气、自甘堕落啊！"

听了陈寔的一番教诲，梁上的小偷吃了一惊："原来自己早就被发现了。"同时他又很为陈寔的话所感动，他不但没抓自己反而耐心教育自己。

小偷羞愧难当，就翻身爬下梁来，向陈寔磕头请罪说："您说得太好了，我错了，以后再也不干这种勾当了，求您宽恕我吧。"

陈寔和蔼地说："看你的样子，也并不像个坏人，以后要好好反省一下，要改还来得及。"说完，他又吩咐家人取来几匹白绢送给小偷。小偷感激涕零，千恩万谢地走了。

共工怒触不周山

相传，女娲创造人类之后，把破损的天地补好，人类过着快乐的日子，世界出现了和平宁静的氛围。但是，这种幸福生活没有维持多久，一个名叫颛顼的神灵就把这种局面打乱了。

颛顼统治世界的时候，派一些怪神下凡来监视人们，人们只要一碰上他们就受到伤害。更可怕的是，世间又增加了许多恶禽猛兽。有的要吃人，有的给人带来旱灾，有的给人带来大洪水。

颛顼是一个蛮不讲理的统治者，他把太阳、月亮和星星都拴在北方的天空上，让它们永远固定在那里，丝毫不能够移动。这么一来，大地上有的地方明亮得连眼睛都睁不开，而有的地方却永远黑暗得伸手不见五指，人们感到生活非常不便，万分痛苦。

横暴的颛顼，不但用他严酷的专制压迫着大地上的人类，同时也压迫着天上一部分他所不满意的神。那时北方有个水神叫共工，住在颛顼住处的附近，因为不顺从颛顼的意旨，受到颛顼的压迫。

后来，共工再也忍受不了颛顼的统治了，就暗中约集同受压迫的天上众神，突然发难，要推翻颛顼的统治。神的这一场战争是猛烈而残酷的，他们从天上打到凡间，一直打到不周山。

这不周山，像一根巨大的柱子，直上云霄，高达万丈。它原本是一根擎天的柱子，是颛顼维持他统治的主要手段之一。

共工见一时不能取胜，陡然怒气发作，猛地一头向不周山碰去。共工在神国素来以身长力大闻名，不周山经这么一碰，只听得轰隆隆一声巨响，霎时间这根撑天的柱子断裂了，横塌下来。

感悟
ganwu

古老的神话传说，经历了历史的风风雨雨，透过文字的缝隙，我们感受到了正义与邪恶之间的激烈较量，体会到了人类祖先为创造美好生活而付出的巨大艰辛和努力，激烈而崇高，悲壮而不悲观。也许，这就是我们阅读神话传说最深刻的体会吧！

西北的天空失去支撑倾斜下来，使本来被拴系而固定在北方天顶的太阳、月亮和星星都不由自主地纷纷挣脱束缚，朝着倾斜的西天跑，这样就形成了今天我们所见的日月星辰的运行，解除了当时人们所遭受的白天永远是白天、黑夜永远是黑夜的苦难。另外，东南的大地受了剧烈震动，陷下一个其大无比的深坑，从此大川小河的水，都不由自主地要急急忙忙地朝那儿奔流，就成了今天我们所见的海洋。

从此人类又过上了幸福的生活。

干 将 莫 邪

干将是楚国最有名的铁匠，他打造的剑锋利无比，因此远近闻名。楚王早听说过干将，这天，楚王想要造一把宝剑，于是就命令干将为他铸。

干将接令后，夜以继日，整整花了三年工夫，终于铸炼出一对宝剑，这是他一生中铸得最好的剑。可是干将明白楚王的脾气，要是他得到了世上罕见的宝剑，一定会把铸剑的人杀掉，免得将来再铸出更好的剑来。

这时，干将想出了一个办法，干将对将要生孩子的妻子莫邪说："我这一去肯定回不来了。我留下了一把剑，埋在南山上的大松树底下。等孩子长大了，让他替我报仇。"

交剑的日子到了，干将带着宝剑去见楚王，楚王见到宝剑，爱不释手，大喜过后的楚王二话不说，立刻命令士兵杀死了干将。"哈哈，这下天下没有比我的剑更好的宝剑了！"楚王得意极了。

干将死后不久，莫邪生了一个男孩，取名赤鼻。莫邪记住丈夫的遗言，含辛茹苦地把孩子带大。

十多年以后，赤鼻长成了一个小伙子，莫邪把他父亲的不幸全部告诉了他。赤鼻流下了热泪："父亲，我一定要杀死楚

王，为您报仇！"他跑到南山上，把埋在大松树下的宝剑挖了出来，日日夜夜练剑。

就在赤鼻加紧练剑的时候，楚王接连几天做了同一个梦，他梦见有一个愤怒的少年提着宝剑朝他冲过来，说要为干将报仇。楚王吓得直冒冷汗，他忙派大臣们去打听，才知道干将果然有个儿子，正准备进城刺杀他。

楚王害怕极了，一边派人去抓赤鼻，一边命令士兵守紧城门，防止赤鼻混进城来。

在楚王的追捕下，赤鼻只好带着宝剑逃出了大山。为父亲报仇的计划受阻了，赤鼻伤心极了。一天，赤鼻在树林里遇见一位壮士。他和赤鼻聊起来，赤鼻把自己的遭遇告诉了壮士，壮士非常同情赤鼻，决定帮他报仇："我能为你报仇，不过，你得把你的头和你的宝剑借给我，我带着你的头去请赏，趁机杀死楚王。"赤鼻一听这话，没有半点犹豫，他立刻跪下给壮士磕头："只要你能为我父子报仇雪恨，我什么都愿给你。"赤鼻说完，提起宝剑把头割了下来。壮士拾起了头和剑，伤心地说："放心吧，我一定会杀死楚王。"

壮士来到王宫拜见楚王。楚王非常的震惊，他见这头和剑跟梦中见到的一模一样，高兴极了，因为忧患扫除了，于是要赏壮士。壮士说："大王，要是你把赤鼻的头放在锅里煮烂，他的鬼魂就不会来伤害你了。"

楚王赶紧叫人架起大锅，用大火煮头。谁知煮了三天三夜，赤鼻的头还是没有烂掉。壮士对楚王说："大王，要是您亲自去看一看，赤鼻的头就能煮烂了。"

楚王也觉得奇怪，就亲自走到大锅边，伸长脑袋朝里看。壮士趁机拔出那把宝剑，用力一挥，把楚王的头砍落在大锅里。卫兵们大吃一惊，过来抓他。壮士手起剑落，又把自己的头砍落在锅里。

| 感 悟
  ganwu

　　阴险狡猾的楚王，至诚至孝的赤鼻，智勇双全的壮士为我们演绎了一段荡气回肠、壮怀激烈的悲剧故事，虽然他们已经消失在历史的滚滚长河中，但是留给人们无尽的启迪，启迪人们去思考和辨别其中的忠与奸、善与恶。

· 庵丁解牛 ·

世间万物都有其固有的规律性，只要你在实践中做有心人，不断摸索，久而久之，熟能生巧，事情就会做得十分漂亮。

这一天，庵丁被请到文惠君的府上，为其宰杀一头牛。只见他用手按着牛，用肩靠着牛，用脚踩着牛，用膝盖抵着牛，动作极其娴熟。他在将屠刀刺入牛身时，那种皮肉与筋骨剥离的声音与用刀时的动作互相配合，显得是那样的和谐一致。

站在一旁的文惠君不觉看呆了，他禁不住高声赞叹道："啊呀，真了不起！你宰牛的技术怎么会这么高超呢？"

庵丁见问，赶紧放下刀，对文惠君说："我做事比较喜欢探究事物的规律，因为这比一般的技术技巧要更高一筹。我在刚开始学宰牛时，因为不了解牛的身体构造，眼前所见无非就是一头头庞大的牛。等到我有了 3 年的宰牛经历以后，我对牛的构造就完全了解了。我再看牛时，出现在眼前的就不再是一头整牛，而是许多可以拆卸下来的零件了！现在我宰牛宰得多了，就只需用心灵去感触牛，而不必用眼睛去看它。我知道牛的什么地方可以下刀，什么地方不能。我可以自如地按照牛的天然构造，将刀直接刺入其筋骨相连的空隙之处，利用这些空隙便不会使刀受到丝毫损伤。我既然连骨肉相连的部件都不会去硬碰，更何况大的盘结骨呢？一个技术高明的厨师因为用刀割肉，一般需要一年换一把刀；而更多的厨工则是用刀去砍骨头，所以他们一个月就要换一把刀。而我的这把刀已经用了 19 年，宰杀过的牛不下千头，可是刀口还像刚在磨刀石上磨过一样锋利。这是因为牛的骨节处有空隙，而刀口又很薄，我用极薄的刀锋插入牛骨的间隙，自然显得宽绰而游刃有余了。尽管如此，每当我遇到筋骨交错的地方，也常常感到难以下手，这时就要特别警惕，瞪大眼睛，动作放慢，力道要轻，等到找到了关键部位，一刀下去就能将牛剖开，使其像泥土一样摊在地上。宰牛完毕，我就将刀擦拭干净，置于刀鞘之中，以

备下次再用。"

文惠君听了庖丁的这一席话，连连点头，似有所悟地说："好啊，我听了您的这番金玉良言，还学到了不少修身养性的道理呢！"

居里夫人破案

清晨，法国著名物理学家、化学家居里夫人骑着自行车上街。这时，刚下过雨，空气清新怡人。街上非常安静，没有几个行人。突然，她发现在路旁躺着一个正在流血的警察，腹部被人刺伤，生命危在旦夕。居里夫人忙解下脖子上的围巾，捂住警察的伤口，警察痛苦地呻吟着，断断续续地告诉居里夫人：五六分钟前，他查问一个行迹可疑的青年，那青年突然拔刀朝他刺去，接着骑上警察的自行车逃走了。警察说着，用手朝犯人逃跑的方向指了指，就咽气了。

有一些人路过，居里夫人就请他们帮忙照料一下现场，自己向警察所指的方向追去。但没跑多远，前面出现了岔道。凶手往哪边跑了呢？她朝两边望去，左边和右边的路，都是不太陡的上坡路。在离开岔口 40 米的地方，两边的路都铺了一层黄沙。她先观察了一下右边的路，在松软的黄沙层上有着清晰的自行车车胎的痕迹。她想："凶手好像是从这条路逃走的。"但她马上发现在左边路上的黄沙层上，同样留有车胎的痕迹。她仔细地分析了两边车胎的痕迹：右边路上的车胎痕迹是前后轮深浅大致相同；而左边路上前轮的车胎痕迹要比后轮的浅。她想了想，马上明白了。

这时，有个刑警也骑着自行车赶来了。居里夫人说："杀人凶手是从右边这条路逃跑的。因为通常骑自行车的人，他的身体重量是在后轮上，所以在平坦的路上或下坡时，前轮车胎的痕迹浅，后轮车胎的痕迹深。在上坡时，由于骑车的人必须

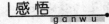

感悟 ganwu

居里夫人运用自己所学的物理学知识帮警察破了案。同样，我们在学习和生活中积累下来的各类知识也都有着各自的用处，偶然一个场合也许就能起到大作用，所以抓紧时间学习吧！

朝前弯着腰，使重心落到车把上，前轮和后轮车胎的痕迹就大致相同了。现在这两条路都是上坡，那凶犯车轮的痕迹应该前后的深浅差不多，而右边路上的痕迹正是这样，所以凶手是从右边逃走的。左边路上的是下坡的痕迹，不可能是凶犯的。"

刑警点点头，急急追去，果然追到了那个凶犯。

诸葛亮与司马懿

　　三国时期的诸葛亮是人人皆知的神灵般的人物。那时，还有一个聪明绝顶的人物，叫司马懿，他熟读兵书精通兵法，是诸葛亮的头号对手。

　　诸葛亮与司马懿这对对手打了一辈子仗，可惜的是，司马懿偏偏就不如诸葛亮，他总是赢的时候少，败的时候多，而且连空城计都没识破，成为后人的笑柄，对此，司马懿一直怀恨在心。

　　相传，神机妙算的诸葛亮在临死前掐指一算：一旦他死了，他的老对头司马懿肯定会挖他的墓，找他算账。于是临死前，他建造了100座坟墓，每个坟墓前立了一块石碑，刻上字。

　　果不出所料，诸葛亮死后，气量小的司马懿还真的决定把尸体挖出来，用鞭子狠狠抽打，以解心头之恨。他叫士兵偷偷去挖诸葛亮的坟墓，可一连挖了99座坟墓，也没有找到诸葛亮的遗骨，司马懿很气愤。

　　当他们来到诸葛亮的第100座坟墓时，司马懿长叹不已，他想诸葛亮肯定在这里面了，他迈开大步向坟前的大墓碑走去。刚到墓前，只听"扑通"一声，司马懿就双膝着地，跪在墓前，无法动弹。

　　司马懿大惊失色，以为是诸葛亮阴魂不散，不禁又惊又怕，连连磕头，大喊："孔明兄饶命！"他哪里知道，这是因为他身上的铁铠甲被磁碑吸引的原因。

　　喊了半天，没半点声响，他不由抬头，一看，碑上赫然写

着几个大字："吾逝，司马懿必跪降！"就这样，司马懿咯血不止，硬是活生生地给气死了。

孙膑的故事

相传孙膑是孙武的后人。他少年时期聪明过人，后拜名师学习文韬武略，颇受老师喜爱。他有一个同学名叫庞涓，此人心计诡谲、阴险狡诈。他自知不如孙膑，便想方设法害孙膑，但他表面却装着与孙膑交好。孙膑为人心地淳厚，善良纯洁，没有觉察出危险来，把庞涓当成自己最好的朋友，经常与之讨论韬略，议论时局，指点江山。庞涓越发嫉妒孙膑的才能。

后来庞涓出任魏国的将军，他深知孙膑的存在早晚会对自己构成威胁，就写信邀孙膑到魏国共事。孙膑收到庞涓的信后觉得自己施展才华的机会到了，他信心百倍地前往魏国，准备和庞涓干一番事业 。然而，一切都不像孙膑想的那样，当他到魏国后，庞涓使人设下阴谋，诬陷孙膑，并挖去孙膑的髌骨，使他终身残废，永不得为人所用。

狡猾的庞涓故意在魏王面前替孙膑求情，装好人，同时控制他的人身自由，为他所用。他把已成残废的孙膑接到自己府中，假装殷勤照顾，并要孙膑将平生所学写成兵书。

孙膑写了不到十分之一时，一名叫诚儿的仆人看不下去，将实情告诉了他。孙膑大吃一惊："原来庞涓如此无情无义，怎么能传给他《兵法》？"他又想："如果不写，他一定会发怒，不会放过我。"孙膑左思右想，欲求一条生路。他忽然记起老师临行前给他的一个锦囊，赶紧打开看看，只见上面写着"诈风魔"。孙膑自言自语说："原来如此！"他心计周密，知道自己的性命现在掌握在庞涓手中，稍微反抗，就会遭受更深的迫害，他决定深藏仇恨，等待时机。为了不为庞涓著书，他佯装疯癫，整日在街上爬来爬去，夜晚则睡在茅厕、牛栏、猪圈等

处。虽然庞涓没有看出孙膑是装疯，但他仍派人暗中监视孙膑，一旦发现破绽，就派人杀掉孙膑。孙膑只得整日整夜流落街头，忍受种种苦难。

齐国大将田忌出使到魏国，见到孙膑，非常同情他的遭遇，就秘密带他到齐国做了自己的谋士，后来在桂陵之战中打败了魏军，杀死了庞涓。

孺 子 可 教

| 感悟
gan wu

张良自知比老人身强力壮，处处礼让，这既表现了对老人的尊重，也表现了对自身品格的完善。张良正是在不断礼让的过程中，磨砺了意志，增长了智慧，最终成为"运筹帷幄之中，决胜千里之外"的杰出的军事家、政治家。历史故事告诉我们许多深刻的道理，让我们更好地把握现在。

秦始皇时期，韩国有一位姓姬的公子，因为行刺秦始皇未遂，逃到下邳隐藏起来，改名张良。张良喜欢经常到下邳桥一带散步。这一天，他又走到桥下，驻足观望。

这时他看见身边的一个老人故意把鞋甩到桥下，老人转身对张良说："小伙子，替我下去把鞋拾上来！"张良犹豫了一下，还是下水把鞋拾起来。老人见张良把鞋拾了起来，不但不伸手去接，反而跷起脚来说："小伙子，替我穿上！"张良觉得这人不可思议，但心想，既然已经把鞋拾起来了，不妨把好事做到底，索性再给他穿上。于是他就跪下，恭敬地替老人把鞋穿好。其实这老汉就是黄石公，是个大隐士，张良不认识他。

给老人穿好鞋后，老人没说一声道谢的话，只是微微一笑，就扬长而去了。张良觉得这老人有点怪，但他并没有生气，他盯着老人的背影，看他往哪儿去。老头走了大约一里路，又返了回来，对张良说："你这个小伙子有出息，我很乐意教导你。五天后，天亮时分你到这里来等我！"

到了约定的那天，天刚蒙蒙亮，张良来到桥上赴约，可是老人已经先到了。老人责备说："怎么这么晚才来？不够诚恳，再过三天早点来！"

又过了三天，张良赶在鸡鸣叫时来到桥上，可老人又先到了。老人又责备说："哪儿有让老师等学生的道理，三天后再来，不要迟到！"

又过三天，张良不到半夜就到了，这回赶到了老人的前头，等了一会儿，老人才到。老人见了张良，高兴地说："这才对啊，孺子可教！"于是，黄石公拿出一部《太公兵法》，交给张良，并要他下苦功钻研这部书，说完就走了。

后来，张良研读《太公兵法》很有心得，成为汉高祖刘邦的重要谋臣，为刘邦建立汉王朝立下不朽的功勋。

· 铁 的 罪 证 ·

侵华日军南京大屠杀遇难同胞纪念馆坐落在南京市江东门外，是当年侵华日军在南京集体屠杀我国同胞的遗址之一。

主体建筑全部由灰白色花岗岩构成，庄严肃穆，气势恢弘，是一部用石头砌成的"史书"。纪念馆分史料陈列厅、尸骨陈列室和鹅卵石广场三个部分。

史料陈列厅是纪念馆的主体部分。大厅宽敞，光线明亮，展板上挂着二百五十幅历史照片和文字说明。这些照片有的是从被俘日军那里缴获的，有的是从历史档案馆中查找到的，有的是外国友人提供的。这些照片揭露了日寇制造的令人发指的南京大屠杀惨案真相。从 1937 年 12 月到 1938 年 1 月的短短六个星期，竟有三十多万人惨死在敌人的屠刀下。丧失人性的日寇以枪杀、刀砍、焚烧、活埋、水溺等手段，残杀徒手的市民和被俘的士兵，连年逾古稀的老人和刚出生不久的婴儿也不放过。日寇把这座历史名城变成了一座人间地狱！有这么一幅照片说明：全副武装的日本兵把五万七千四百多名中国军民赶到下关草鞋峡，用几十挺机枪，对着密集的人群进行扫射……除个别幸存者外，绝大多数人都倒在了血泊里。

陈列厅中的橱窗里，陈列着几件当时日寇屠杀我国同胞的凶器，有军刀、步枪、机枪等，上面似乎还留着一块块黑褐色

感悟
ganwu

抗日战争，是一段苦难历程的记忆，是一部铭心刻骨的教材。只有正视历史，才能更好地面向未来；只有正确对待千百万生命书写的历史，才能避免重演千百万人再去流血的历史。

的血斑。其中一把叫做“助广”的军刀，至少染上了三百五十个同胞的鲜血。它是日寇大屠杀的铁的罪证！

在尸骨陈列室，橱窗里的细沙上尽是累累白骨。这其中有一些只有拳头大小的头骨，那是出生不久的孩子的遗骨！疯狂的日寇竟连婴幼儿都不肯放过！这些灭绝人性的野兽！

而鹅卵石广场上铺满了象征遇难者累累白骨的白色鹅卵石，寸草不生，给人一种悲凉的感觉。

小路边上，立着十三块碑石和三组大型浮雕，其中有一块记载着当年江东门屠杀的情景：一万余名被解除武装的国民党军人和手无寸铁的贫民被赶到当时的陆军监狱内，日寇在四周高处架起机枪，疯狂扫射。遇难者被抛到江东门的河里，尸体塞满了河道。之后由慈善团体收集尸首，掩埋在附近的两个大土坑内，这就是“万人坑”。

一座静默的纪念馆，见证了日本肮脏的历史，我们要永远记住这些罪证，决不许历史重演。

危机就是转机

在美国的亚拉巴马州恩特曾颖镇的公共广场上矗立着一座高大的纪念碑。在碑身的正面有这样一行金色的大字：深深感谢象鼻虫在繁荣经济方面所作的贡献。象鼻虫是何物？它是北美洲地区棉花田里的一种害虫。为什么亚拉巴马州要为害虫立纪念碑呢？这要从一场灾难说起。

亚拉巴马州是美国主要的产棉区，那里的人们世世代代都种棉花，棉花是他们唯一的收入。然而在1910年，一场特大象鼻虫灾害狂潮般地席卷了亚拉巴马州的棉花田，虫子所到之处，棉花全部被毁。那是一幅无比惊心动魄的惨相，棉农们欲哭无泪。灾后当然要重建。亚拉巴马州是美国主要的产棉区，那里的人们世世代代都种棉花，可现在，象鼻虫灾害使人们认

识到仅仅种棉花是不行了。如果仅仅种棉花，暴发了象鼻虫灾害，一年的收成就都没了。于是，人们开始想办法，他们在棉花田里套种玉米、大豆、烟叶等农作物。尽管棉花田里还有象鼻虫，但根本不足为患，少量的农药就可以消灭它们了。棉花和其他农作物的长势都很好，结果，收成表明，种多种农作物的经济效益比单纯种棉花要高4倍。从此，亚拉巴马州的人们再也不单单在田地里种植棉花，而是在种植棉花的同时，大量种植一些其他的作物。亚拉巴马州的经济从此走上了繁荣之路，人们的生活也越来越好。亚拉巴马州的人们认为经济的繁荣应该归功于那场象鼻虫灾害，是象鼻虫使他们学会了在棉花田里套种别的农作物。为此，亚拉巴马州州政府决定，在当初象鼻虫灾害的始发地恩特曾颖镇建立一座纪念碑，以感谢象鼻虫在繁荣经济方面所作出的贡献。

没有人愿意遭遇危机，但是，危机常常是不期而至的。我们可曾想过，危机中也包含着转机，就像亚拉巴马州的人们因遭遇象鼻虫灾害而走上了经济繁荣之路一样。其实，"危机"一直都包含着两个方面的内容："危险"和"机遇"，只是我们习惯性地只看到"危险"，而看不到"机遇"。危机已经发生，不要叹息、不要沮丧，我们所要做的就是用心去捕捉危机中的转机，从而走向一个新的开始，走向更美好的未来。

神奇的蜜蜂战

在普鲁斯城的一个修道院内有一个蜜蜂纪念碑，每天都有很多人从这里经过，人们对这块纪念碑很好奇。原来这块碑墓是有来头的。

1000多年前，普鲁斯城被一伙流窜而过的敌方散兵洗劫一空。善良的普鲁斯居民手中没有武器，无法制止敌人的暴行。可是，当敌人围攻一个修道院时，聪明的修女们捅开院内数百个蜂窝。顿时，数以万计的蜜蜂愤怒地冲向敌人，蜇得敌人抱头鼠窜，落荒而逃，普鲁斯城逃过了一劫，人们为了表彰蜜蜂"保家卫国"的功绩，在修道院内修筑了一个蜜蜂纪念碑。

受修女们运用"蜜蜂战"的启迪，欧洲各国的将军们纷纷效仿。

公元11世纪，英国军队在攻打耶路撒冷古城圣·让达克的时候，遭到了圣·让达克人的殊死抵抗。攻城战劳师折兵，久无进展，英军指挥官麦乔上校为此伤透了脑筋。

一天，正当麦乔上校愁眉不展、忧心如焚的时候，同乡士兵郎达求见。上校问他："你对攻城的事有何高见？"

"称不上高见，但我想这办法倒也不妨一试。"

听了郎达讲的攻城谋略，麦乔上校乐了。

很快，英国军队便又组织起一次新的攻城战，与前几次攻势不同的是，在大队士兵队列前先行的是由士兵郎达带领的一批扛着许多蜜蜂箱的养蜂人。

部队很快冲到了圣·让达克城边，郎达立即指挥那些养蜂人把箱扔上城头。霎时间，成千上万只蜜蜂从摔开的蜂箱中铺天盖地地飞出来，遇人便蜇，把守城的耶路撒冷官兵蜇得睁不开眼，一个个哇哇乱叫，顷刻便失去了守卫能力，而英军的攻城部队却乘势发起攻击，很快占领了城池。

感悟
ganwu

"蜜蜂战"真可谓以奇制胜，令敌人防不胜防。战争中也有创新，要想取胜，独辟蹊径、出奇制胜是必不可少的法宝，故古人云："善出奇者，无穷如天地，不竭如江河。"

赵匡胤快夺清流关

大唐王朝灭亡后，中国社会进入了五代十国的纷争时期。五代是在黄河流域相对稳定的地区先后建立的五个朝代。十国中有九个在黄河流域以南地域，仅北汉在今山西一带。

五代十国时期的中原大地，屡屡成为杀人盈野的战场；千里人烟，往往沦为狐兔出没的废墟。其战乱之甚，恐怕在南北朝、东晋十六国、三国之上，可与春秋战国相提并论。

公元956年，后周国主周世宗决定亲征淮南。淮南是南唐中主李璟的属地。此次担任先锋一职的是赵匡胤。

赵匡胤作战勇敢、足智多谋，很得郭威的赏识。郭威在951年夺取后汉政权、改国号为周后，将其提升为东西班行省，成为禁军中一名较有声威的指挥官。周世宗即位后，他与张永德等共掌禁兵。

赵匡胤亲率先头精锐部队，迅速地向李璟的淮南地区挺进，首先在涡口大败南唐军，斩杀南唐都监何延锡等人。南唐大惊，忙派节度使皇甫晖、姚凤领兵十万，扼守清流关，阻止周军前进。

清流关在滁州的西南面，倚山负水，形势很雄峻。皇甫晖、姚凤拥十万之众固守在那里，更显得坚固万分，纵有雄兵猛将，也觉难以攻取了。果然，有人将消息报知周世宗时，周世宗心中十分为难，以为此关不容易破。

赵匡胤却挺身奏道："让臣下战胜那帮人，夺取清流关。"

周世宗说道："爱卿虽然英勇非凡，足智多谋，但清流关极其坚固，用什么办法可以攻取呢？"

赵匡胤回答道："兵贵神速，突然发兵迅速推进，攻其不备，便可以一鼓作气夺关，生擒二人。"

周世宗赞许道："朕也想用此计夺取清流关。现在听到你的意见与我一致。我想，只要爱卿前往，一定稳操胜券了。既然如此，事不宜迟，爱卿立即领兵前往，不得延误，朕在这里静候佳音了。"

赵匡胤奉了命令，点齐二万人马，连夜向清流关疾奔。快要天亮时周军已抵达关下。赵匡胤一声令下，周军把一座清流关围了个水泄不通。关上守军还在睡觉呢，直到鸡叫三遍，旭日东升，守军们才起床，派人出关侦察。不料门一开，侦骑还

感悟
gǎnwù

"兵贵神速"是中国古代谋略思想的名言，赵匡胤深谙其理，以快制胜，给敌军一个措手不及，这是赵匡胤制胜的秘诀。

未出去突然涌入一员大将，猛吼一声，跃马横刀，逢人便杀，锐不可当，紧跟着他的周兵也一窝蜂似的跟着闯进关来，赶杀守军。这些守军，没有想到周军这么快就到了清流关，个个手足无措，魂飞胆丧，哪里还敢抵抗，只是鼠窜般地四散奔逃。

皇甫晖、姚凤两人刚刚起床就听说周兵已入关，慌忙出屋，飞身上马，向滁州逃去。可怜这十万唐军，被周兵大刀阔斧杀得奔逃无路，躲避无门，早已死伤了一大半。仅有一小半逃得快的，侥幸留得性命，跟着他们的主帅，逃进了滁州城里，十万唐军只剩下了四万人。赵匡胤以快取胜，夺取了清流关。

· 重 阳 节 ·

重阳节又称登高节。在这一天，人们登高望远，思念亲人。正如诗中所说："每逢佳节倍思亲。"那么重阳节是怎么来的呢？原来，我国古代把九叫做"阳数"，农历九月九日，两九相重，都是阳数，因此称为"重阳"。重阳节来源于道教的一个神仙故事：

东汉时，汝南县里有一个叫桓景的农村小伙子，父母双全，妻子儿女一大家。日子虽然不算好，半菜半粮也过得去。谁知不幸的事儿来了。汝河两岸害起了瘟疫，家家户户都病倒了，尸首遍地没人埋。这一年，桓景的父母也都病死了。

桓景小时候听大人们说："汝河里住着一个瘟魔，每年都要出来到人间走走。它走到哪里就把瘟疫带到哪里。"桓景决心访师求友学本领，杀死瘟魔，为民除害。听说东南山中住着一个名叫费长房的大仙，他就收拾行装，起程进山拜师学艺。

费长房给桓景一把降妖青龙剑。桓景早起晚睡，披星戴

月，不分昼夜地练开了。转眼又是一年，那天桓景正在练剑，费长房走到跟前说："今年九月九，汝河瘟魔又要出来。你赶紧回乡为民除害。我给你茱萸叶子一包，菊花酒一瓶，让你家乡父老登高避祸。"仙翁说罢，用手一指，一只仙鹤展翅飞来，落在桓景面前。桓景跨上仙鹤向汝南飞去。

桓景回到家乡，召集乡亲，把大仙的话对大伙儿说了。九月九那天，他领着妻子儿女、乡亲父老登上了附近的一座山。把茱萸叶子给每人分了一片，说这样随身带上，瘟魔不敢近身。又把菊花酒倒出来，让每人抿了一口，说喝了菊花酒，不染瘟疫之疾。他把乡亲们安顿好，就带着他的降妖青龙剑回到家里，独坐屋内，单等瘟魔来时交战降妖。

不大一会儿，只见汝河怒吼，怪风旋起。瘟魔出水走上岸来，穿过村庄，走千家串万户也不见一个人，忽然抬头见人们都在高高的山上欢聚。他窜到山下，只觉得酒气刺鼻，茱萸冲肺，不敢近前登山，就又回身向村里走去。只见一个人正在屋中端坐，就吼叫一声向前扑去。桓景一见瘟魔扑来，急忙舞剑迎战。斗了几个回合，瘟魔战他不过，拔腿就跑。桓景"嗖"的一声把降妖青龙剑抛出，只见宝剑闪着寒光向瘟魔追去，穿心透肺把瘟魔刺倒在地。

此后，汝河两岸的百姓，再也不受瘟魔的侵害了。人们把九月九登高避祸、桓景剑刺瘟魔的事，父传子，子传孙，一直传到现在。从那时起，人们就过起重阳节来，有了重阳登高的风俗。重阳节已近晚秋，天气凉爽，空气清新，能见度高，这大概也是人们选择登高远眺的原因吧！

感悟 gǎnwù

中华民族传统文化的精髓融化在每一个难忘的节日中，融化在每一个华夏儿女的血液里。感受传统文化的独特魅力，能领略伟大祖国文化的博大精深。

爱左看右

有位英国考古学家在挖掘特洛伊古城时，发现了一面古铜

镜，铜镜背后雕刻了一段古怪难懂的铭文，考古学家穷尽毕生精力，请教了不少古希腊文专家，都无法破译其中的奥妙。

考古学家逝世后，这面镜子就静静地躺在大英博物馆里，直到20年后，有一天，博物馆里来了一个英俊的年轻人，在博物馆馆长的陪同下，他小心翼翼地取出铜镜，翻过来放在一块红色天鹅绒上。古镜背后的铭文在红色的背景上反射着冷冷的金色光泽。

年轻人从背囊里拿了一面普通的镜子出来，照着古铜镜上的铭文，然后他转过头去，微笑着对博物馆馆长说："看，这面古镜背后的铭文其实并不难解，只是将普通的古希腊文按着成镜像后的文字图案雕刻上去的。"博物馆馆长也是一位古希腊文专家，他扶着鼻架上的老花镜，将脸凑过去，仔细辨认镜子反照后的文字，缓缓地，一字一字地读道："致我最亲爱的人：当所有的人认为你向左时，我知道你一直向右。"

年轻人抬起头，叹了口气说："真可惜！我祖父花了毕生的精力，也没能破解文字中的奥妙，却不知道他一直在浪费着时间，结果竟然是这么简单！"博物馆馆长沉默了一会儿，淡淡地说："或许你以为他一直向左，其实他一直向右。"年轻人神色一动，陷入了沉思。

我们都无法知道，写这段文字的主人是谁，但铭文中包含着的那种对爱人无限支持的精神，直到今天仍然令人动情不已。在古代许多国度的习俗中，都有左卑右尊的观念，看来史前的特洛伊古城也是这样。我们从古镜的铭文中可以看到，作者的情人或许正被他人视做不断堕落，即将陷入四面楚歌的困境，而在这种困境之下，那甜蜜的人儿，却用这段话表明了对爱人的无比信任，相信他的努力必然会达到一个正确的目标。这种信任对于一个身陷困境的人来说，该是多么宝贵的鼓

感悟
ganwu

这位英国考古学家用其毕生的精力试图破译铜镜背后的铭文，不论是考古学家那执著的精神，还是那神秘的特洛伊古城与博大精深的古代希腊文化都让我们感动不已。

励啊！

那位考古学家没能揭开谜团，不一定是他做错了，只能说明他没有足够的运气发现真相，外人或许认为他向左了，但其实他一直在向右。作为考古学家的继承人，他的孙子需要明白这一点，并尊敬祖父的这种不懈的努力，以告慰他那锲而不舍、死而后已的崇高精神。这或许就是博物馆馆长话语中的含义。

当所有人都认为你所爱的人向左时，你不妨对他大喊一声："我知道你一直向右！"这或许就是对爱的最好表达。

长 城 砖

在和平时代，作为军事防御工程的万里长城，在武器高度发展的今天，已经失去了它的作用。于是，长城砖常常望着那些盖起了一幢幢高楼的红砖，筑成一座座石房的青砖，感叹自己是世界上最低下、最无能、最可怜的砖！

这天，发生了一件奇怪的事：有一块普普通通的长城砖，被人们送上飞机，运到美国一座城市去展览。这块自惭形秽的砖，居然被装进一个垫着软缎的玻璃匣里，陈列在展览大厅的镀金架上！

从美国各地赶来参观的人排成一条望不到头的长龙，依次经过那个镀金的架子，在每个人只允许停留 7 秒的短暂时间里，他们急忙发表着各自的感想。"啊，我终于看到伟大的长城砖了！"一位大学教授激动地说，"它已经有 2000 多年的历史，比我们美国的历史还要长 10 倍呢！"

"确实了不起！"一位金发女郎说，"万里长城是 2000 多年前的人类，用相当原始的工具建造起来的——我不说中国人而说人类，是因为这项伟大的工程是全人类的骄傲！"

感悟
ganwu

万里长城是中华民族智慧的结晶，是全人类的骄傲，具有深厚的人文底蕴和文化内涵。作为存在了几千年的长城砖，更是接受了历史的风风雨雨，更具内涵。

"是的，是的！"一个尖嗓子的男孩兴奋地喊道，"我们的历史老师也说过'万里长城是人类智慧和创造力的里程碑'。"

"长城砖啊，我们看到了你，就仿佛看到了祖国！"一对华侨老夫妻互相搀扶着走过来，热泪盈眶地说，"你坚强、刚毅、庄重，包藏着我们中华民族的伟大灵魂！你是世界上最光荣、最壮观、最可贵的砖啊！"

读书笔记

读书笔记

教师免费样书申请

感谢各位教师和学生使用北京教育出版社出版的系列丛书。为进一步提高我社图书质量，敬请教师和学生完整填写下列信息，我社将因此向教师提供一本免费样书（请您提供教师资格证或工作证复印件）。本表可在本社官方网站www.bjkgedu.com上下载，复制有效，可传真、邮寄，亦可发e-mail。

姓　　名		学校名称		邮　　箱	
电　　话		学校地址		邮　　编	
授课科目		所用教材		学生人数	
通过何种渠道知道本书	学校推荐 □　　网站宣传 □　　书店推荐 □　　海报宣传 □　　学生使用 □				
选择本书您首先考虑	出版社品牌 □　体例新颖 □　内容使用性强 □　装帧美观 □　其他 □				
您认为本书有何优点？					
您认为本书有何不足？					
常销系列图书	《168个故事系列》				

注：您申请的样书须与您讲授的课程相关。

诚 征 优 秀 书 稿

北京教育出版社成立于1983年，凭借对教育、教学改革的敏锐把握，依靠经验丰富的教师团队，成功推出了《1+1轻巧夺冠》《课本大讲解》《提分教练》等系列丛书。为了与时俱进，不断创新，打造更实用、更完美的优质教育图书，现诚邀全国中小学名师加盟，诚征中小学优秀教育类书稿。凡加盟者可享受如下待遇：1.稿费从优，结算及时；2."北教社"颁发相关荣誉证书；3.参编者将免费获得"北教社"提供的图书资料和培训机会。

随 书 资 源 下 载

北京教育出版社的图书所附赠的英语听力资料或其他随书资源，均会及时刊登在本社官方网站www.bjkgedu.com上，读者可以上网下载。下载方法如下：在网站免费注册后，登陆"下载中心"频道的"随书资源"区，选择下载所需的随书资源即可。所有随书资源均需凭密码下载，下载密码为图书ISBN号的最后5位数字（注：ISBN号一般印在图书封底条码上方）。

来信请寄：北京市北三环中路6号11层　北京教育出版社总编室
邮编：100120　　网址：www.bjkgedu.com　邮箱：bjszbs@126.com
电话：010—58572817（小学）　58572525（初中）　58572332（高中）

请在信封上或邮件中注明"样书申请"或"应聘作者"。

后 记

　　本丛书在编写过程中，参阅了大量的期刊和著述，吸取了很多思想的精华。但由于各种原因，编者未能及时与部分入选故事的作者取得联系，在此致以诚挚的歉意，恳请作者原谅。敬请故事的原作者（译者）见到本书后，及时与我们联系，我们将支付为您留备的稿酬及寄去样书。

　　同时，提请广大读者注意的是，本书题名中"168个故事"只是概数，实际故事数量并不以此为限，特此声明。

　　地址：北京市北三环中路6号北京教育出版社

　　电话：010-62698883

　　邮编：100120